MALALA : My Story of Standing up for Girls' Rights

Copyright © 2018 by Salarzai Limited
Interior illustrations by Joanie Stone
Cover art copyright © 2018 by Kerascoët. Hand lettering by Sarah J. Coleman.
Korean translation copyright © 2019 by Munhakdongne Publishing Group

This Korean edition is published by arrangement with Little, Brown and Company, New York, New York, USA.
through EYA (Eric Yang Agency), Seoul.
All rights reserved.

이 책의 한국어판 저작권은 EYA (Eric Yang Agency)를 통해 Little, Brown and Company와 독점 계약한 ㈜문학동네에 있습니다.
저작권법에 의해 한국 내에서 보호를 받는 저작물이므로 무단 전재 및 무단 복제를 금합니다.

어린이를 위한
나는 말랄라

말랄라 유사프자이·퍼트리샤 매코믹 지음
조니 스톤 그림 | 박찬원 옮김

문학동네

차례

프롤로그 내 이름은 말랄라 • 9

1부 — 나의 꿈
새처럼 자유롭게 • 16
마술 연필 • 25
나쁜 학교라고? • 34

2부 — 두려움이라는 그림자
옷장 안의 텔레비전 • 40
좋은 편은 없는 거야 • 50

3부 — 나의 목소리, 우리의 목소리
마이크 앞에서 • 60
비밀 일기 • 64
수업 끝 • 71
똑같은 소원 • 77

이상한 평화 • 82

좋은 소식 • 86

멈추지 않아 • 90

평범한 어느 날 • 97

4부 ― 기적의 나날

초록 곰 인형 • 102

나는 살아 있어 • 111

빈칸 채우기 • 117

내가 바로 뉴스 • 126

기적 • 132

그냥 말랄라 • 136

한 자루의 펜이 • 143

에필로그 새로운 도약 • 149

말랄라가 걸어온 길 • 154

교육을 받지 못하는 세계 곳곳의 어린이들,
용감하게 학생들을 가르치고 있는 선생님들,
그리고 기본적인 인권과 교육받을 권리를 위해
싸워 온 모든 이들에게 바칩니다.

말랄라 유사프자이 *Malala*

프롤로그

내 이름은 말랄라

눈을 감으면 내 방이 보인다.

침대가 정돈되어 있지 않다. 시험 시간에 늦을까 봐 급하게 학교에 갔기 때문이다. 내 책상에 수업 시간표가 펼쳐져 있다. 날짜는 2012년 10월 9일이다.

우리 집 뒤편 골목에서 동네 아이들이 노는 소리가 들린다. 동생들이 텔레비전 리모컨을 서로 가지려 싸우는 소리도 들린다. 어머니는 부엌에 있고 밥 익는 냄새도 난다. 그리고 내 애칭을 부르는 아버지의 다정한 목소리가 들린다.

"자니."

페르시아어로 '사랑하는 사람'이란 뜻이다.

나는 그날 아침 파키스탄의 정든 집을 나섰고, 학교에서 집에 돌아오면 침대로 곧장 뛰어들 계획이었지만, 이렇게 멀고 먼 나라로 오게 되었다.

눈을 뜨면 나는 나의 새 방에 있다.

영국의 버밍엄이라 불리는 습하고 추운 도시에 있는 견고한 벽돌집이다. 여기서는 거의 아무 소리도 들리지 않는다. 아이들이 웃고 떠드는 소리도, 아래층에서 동네 아주머니들이 어머니와 채소를 다듬으며 수다를 떠는 소리도. 하지만 두꺼운 벽 저편에 있는 우리 가족들이 고향을 그리워하는 마음의 소리는 또렷이 들을 수 있다.

현관문이 벌컥 열리고 아버지의 목소리가 울려 퍼진다.

"자니!"

근심 서린 목소리다. 마치 내가 집에 없을까 봐, 내 대답이 없을까 봐 염려하는 것처럼. 그런 걱정을 하는 것은 불과 얼마 전에 누군가 나를 해치려 했기 때문이다. 단지 내가 학교에 다닐 권리를 주장했다는 이유로.

2012년 10월 9일의 아침은 평범했다.

나는 열다섯 살, 9학년이었고 전날 밤 늦게까지 시험공부를 하느라 늦잠을 잤다.

어머니가 부드럽게 내 어깨를 흔들었다.

"일어나렴, 피쇼."

피쇼는 우리 파슈툰족의 언어로 '아기 고양이'를 뜻한다.

"일곱 시 반이야. 이러다 지각하겠다!"

나는 얼른 짧은 기도를 했다.

"알라신이시여, 신의 뜻에 어긋나지 않는다면, 제가 시험에서 일등 해도 될까요? 아 참, 지금까지 잘할 수 있었던 것 감사드립니다!"

내가 서둘러 아침을 먹는 동안 막냇동생 아탈이 투덜거렸다. 나는 여학생의 학교 다닐 권리를 지키기 위한 활동을 하고 있었다. 그 활동 덕분에 내가 온갖 주목을 다 받는다는 불평이었다.

"언젠가 말랄라가 총리가 되면 네가 누나 비서 하면 되겠네."

아버지가 농담을 했다.

"싫어요!"

아탈이 소리쳤다. 아탈은 놀리는 재미가 있는 우리 가족의 귀여운 막둥이다.

"누나가 내 비서 해!"

나는 문을 열고 골목길을 달려 나가 간신히 학교 버스를 놓치지 않을 수 있었다. 버스에는 등교하는 친구들이 가득했다.

그리고 나는 그 아침 이후로 다시는 우리 집에 가지 못했다.

그날 오후, 친구들과 나는 학교 밖에서 들려오는 자동차 경적 소리와 공장 소음 속에서도 시험지를 뚫어지게 보며 집중하려 애썼다. 시험이 끝난 후에는 피곤했지만 기뻤다. 시험을 잘 본 것 같았기 때문이다.

나는 가장 친한 친구인 모니바에게, 먼저 출발하는 학교 버스를 보내고 두 번째 버스를 타자고 말했다. 학교에 남아 더 오래 이야기를 나누기 위해서였다. 우리는 웃고 떠들다가 기다리던 버스에 탔다.

우리 버스 기사인 바이 잔이 평소처럼 마술을 보여 주었다. 그날은 조약돌이 사라지는 마술이었다. 우리는 아무리 애를 써도 그 마술의 비밀을 알아낼 수 없었다.

여학생 열아홉 명, 교사 두 명, 그리고 내가 탄 버스가 도로로 나섰다. 오토바이에 인력거를 매단 화려한 색깔의 릭샤들, 긴 옷을 입은 여자들, 차들 사이로 경적을 울리며 요리조리 빠져나가는 스쿠터를 탄 남자들이 뒤섞여 거리는 복잡했다. 우리 버스에는 유리 창문이 없었고, 대신 누렇게 변한 비닐 가림막이 옆면에서 펄럭이고 있었다. 트럭처럼 뒤편이 열려 있는 흰색 차량이 우리 쿠샬 학교의 학교 버스였다.

3분 정도만 더 가면 우리 집인데 갑자기 버스가 멈춰 섰다. 밖이 너무 조용했다.

"이상하게 조용하네. 사람들 다 어디 갔지?"

내가 모니바에게 말했다.

그러고 나서 다음에 무슨 일이 있었는지 기억나지 않는다.

나중에 들은 이야기는 다음과 같다.

흰옷을 입은 젊은 남자 두 사람이 우리 버스 앞을 막고 섰다. 그중 한 남자가 버스 뒤편 꼬리판에 뛰어올라 안쪽으로 몸을 기울였다.

"말랄라가 누구냐?"

그 남자가 물었다.

아무도 대답하지 않았지만 아이들 몇 명이 내가 있는 쪽을 쳐다보았다. 남자가 총을 들어 나를 겨냥했다. 아이들이 비명을 질렀고, 나는 모니바의 손을 꼭 잡았다.

누가 말랄라냐고?

내가 말랄라다. 그리고 이것이 나의 이야기다.

1부

나의 꿈

새처럼 자유롭게

나는 말랄라 유사프자이, 평범한 소녀이지만 특별한 재주가 몇 개 있다.

나는 내가 원하는 대로 손가락과 발가락 관절을 뒤로 꺾을 수 있다. 또 팔씨름에서 나보다 훨씬 나이가 많은 사람도 이길 수 있다.

나는 컵케이크를 좋아하지만 사탕은 좋아하지 않는다. 또 다크 초콜릿은 아예 초콜릿이라 부르지 말아야 한다고 생각한다.

나는 화장과 액세서리를 좋아하지 않고, 여자다운 편도 아니다. 하지만 내가 제일 좋아하는 색깔은 분홍색이다.

나는 남자아이들의 가방 속이 항상 엉망진창일 거라고 얘기

한다. 교복도 지저분할 것이다. 이건 내 의견이 아니라 누구나 다 아는 사실이다.

나는 파슈툰족이다. 자부심 강한 우리 부족은 아프가니스탄과 파키스탄에 퍼져 살고 있다. 우리 아버지 지아우딘 유사프자이와 어머니 토르 페카이는 파키스탄의 산간 마을 출신이다. 부모님은 결혼 후 밍고라로 이사했다. 밍고라는 사랑하는 우리나라 파키스탄의 북서쪽에 위치한 스와트 지방에서 가장 큰 도시이다. 스와트는 높은 산과 초록빛 언덕, 맑고 깨끗한 강이 있는

아주 아름다운 고장이다. 나는 1997년 이곳에서 태어났다.

내 이름은 용맹한 파슈툰 소녀 '말랄라이'의 이름을 따서 지은 것이다. 말랄라이는 100년 전 용기 있는 행동으로 파슈툰 전사들의 사기를 고취시킨 전쟁 영웅이다. 하지만 나는 싸움은 싫어한다.

그래도 남동생 쿠샬과 늘 말다툼을 하긴 한다. 쿠샬은 나보다 두 살 어리다. 우리는 누가 더 훌륭한 학생인가를 두고 다툰다. 하나 남은 과자를 누가 먹을지, 그런 흔한 일로도 싸운다.

또 다른 남동생 아탈은 나를 덜 귀찮게 하는 편이다. 아탈은 나보다 여섯 살 어리다. 아탈은 우리가 크리켓을 할 때 공을 선 밖으로 보내도 제법 잘 쫓아간다. 하지만 가끔 제멋대로 경기 규칙을 만들어 내곤 한다.

남동생들이 하나씩 생기기 시작하던 어린 시절 나는 신에게 이렇게 얘기했다.

"신이시여, 얘네 둘을 보내시기 전에 제 의견을 물어보지 않으셨지요. 이 아이들은 때때로 상당히 성가시답니다."

그래도 나는 동생들과 함께 토끼처럼 몰려다니며 술래잡기를 하고 사방치기를 했으며 도둑잡기 놀이도 했다. 이따금 다른 집 초인종을 누르고 달아나기도 했다. 하지만 우리가 가장 좋아한 것은 크리켓이어서 밤낮을 가리지 않고 골목이나 우리 집 옥상

에서 크리켓을 했다.

그러다 동생들과 그만 놀고 싶으면 나는 옆집에 사는 사피나를 부른다. 담장을 똑똑 두 번, 그것이 우리의 암호였다. 사피나도 똑똑 두드려 답하곤 했다.

사피나는 나보다 두 살 어리지만 우리는 아주 친했다. 우리는 종종 서로를 따라 하곤 했다. 그런데 한번은 사피나가 너무했던 적이 있다. 나의 분홍색 플라스틱 휴대폰이 없어졌을 때다. 그건 아버지가 선물로 준, 내 유일한 장난감이었다.

그날 오후 사피나네 집에 놀러 갔는데, 사피나가 똑같은 장난감 전화기를 가지고 있었다! 사피나는 자기 것이라 했지만 난 믿지 않았다. 그래서 사피나가 보지 않을 때 사피나의 귀걸이를 가져왔다. 다음 날은 목걸이.

내가 숨겨 둔 사피나의 물건들을 발견한 어머니는 너무나 화가 나서 나를 쳐다보려고도 하지 않았다.

"사피나가 먼저 내 걸 훔쳤단 말이에요!"

내가 외쳤다. 하지만 어머니에게 그런 건 중요하지 않았다.

"네가 언니잖니, 말랄라. 네가 모범을 보여야지."

어머니 말에 나는 부끄러워졌다. 아버지도 크게 실망할 거라 생각했다.

하지만 퇴근한 아버지는 나를 야단치지 않았다. 내가 이미 크게 뉘우치고 있다는 것을 알았기 때문이다. 꾸짖음 대신 아버지는 아이들은 실수하기 마련이라고, 미국의 인권운동가 마틴 루터 킹이나 인도의 위대한 평화운동가 마하트마 간디 같은 영웅들도 어렸을 때는 그랬다고 말해 주었다.

그리고 나서 아버지는 할아버지에게 들었던 격언을 들려주었다.

"심지어 선지자라도 어렸을 때는 그냥 어린아이일 뿐이란다."

우리 파슈툰족은 '바달'을 믿는다. 바달은 '복수'라는 의미로, 나쁜 짓을 하면 똑같이 갚아 주어야 한다는 뜻이다. 나는 사피나가 내 물건을 훔쳤다고 생각했기 때문에 나도 사피나의 것을 훔쳤다. 하지만 내 바달의 뒷맛은 아주 씁쓸했다. 나는 사피나와 곧 다시 친구가 되었고, 앞으로 복수 같은 것은 하지 않겠다고 맹세했다.

내 기억 속의 우리 집은 항상 사람들로 북적였다. 이웃 사람들, 친척, 아버지 친구 등이 끊임없이 집에 왔다. 파슈툰 사람들은 언제나 손님을 반갑게 맞이한다.

뒷마당에서는 어머니와 이웃 아주머니들이 모여 음식을 하고, 새 옷이나 보석, 동네의 다른 여자들에 대해 이야기하며 함께 웃곤 했다. 아버지와 남자들은 사랑방에 앉아 차를 마시며 정치 이야기를 했다.

나는 때때로 아이들 노는 곳에서 빠져나와 살금살금 여자들 무리를 지나 남자들 모인 곳으로 가곤 했다. 스와트 계곡 너머 큰 세상에 대한 이야기를 한마디도 놓치지 않으려 귀 기울였다.

그런 다음에는 여자들이 모인 곳으로 가서 그들의 속삭임과 웃음소리를 듣곤 했다.

여자들만 모인 그곳에서 내가 가장 좋아했던 점은, 그들이 머리를 가리던 스카프와 베일을 벗고 있었다는 것이었다. 길고 검은 머리칼과 립스틱과 헤나로 화장한 아름다운 얼굴들이 참 보기 좋았다.

우리 고장에서 여자들은 '푸르다'라는 규범을 따른다. 남자들과 한자리에 있을 수 없으며 공공장소에서는 몸을 다 가려야 한다. 우리 어머니처럼 머리에 스카프를 두르는 사람도 있고, 길고 검은 가운으로 온몸을 다 가리는 사람도 있다. 그런 복장의 여자들은 검은 장갑에 검은 양말까지 신기도 한다. 피부를 완전히 가려 눈도 보이지 않게 하는 것이다.

하지만 남자들과 떨어져 여자들끼리 있을 때는 아름다운 얼굴을 드러냈고, 그러면 나는 완전히 새로운 세상을 보았다. 숨어서 사는 삶이 이런 걸까.

나는 아주 어릴 때도 부모님에게 다른 여자아이들이 어떻게 하든 나는 절대 그런 식으로 얼굴을 가리지 않을 거라고 말했다. 어머니와 친척들은 충격을 받았다. 하지만 아버지는 내가 원하는 대로 할 수 있을 거라고 말해 주었다.

"말랄라는 새처럼 자유롭게 살 거야."

다른 사람들에게도 아버지는 이렇게 말하곤 했다.

나는 우리 아버지에게 눈에 넣어도 아프지 않은 소중한 자식이다. 파키스탄의 딸들에겐 매우 드문 일이다.

파키스탄에서는 아들이 태어나면 축하하며 잔치를 연다. 아기 침대 옆에는 선물이 쌓이고, 아들의 이름을 족보에 기록한다. 하지만 딸이 태어나면 아무도 축하하러 가지 않는다.

우리 아버지는 이런 관습에 전혀 신경 쓰지 않았다. 내 이름도 아주 밝은 파랑색으로 우리 가문 족보, 남자 이름들 사이에 적혀 있다. 300년 만에 처음으로 족보에 오른 여자 이름이다.

때로 나의 미래에 대해 생각할 때면 어린 시절 연날리기 시합이 떠올랐다. 이기고 싶어 하는 남자아이들은 다른 아이들 연줄을 자르려 애썼다. 나는 예쁜 연들이 바닥으로 곤두박질치는 것을 보면 슬펐다.

내가 단지 여자라는 이유만으로 내 미래도 그 연들처럼 잘려 떨어질까 봐 걱정되었다. 사피나와 내가 더 크면 사람들은 우리가 남자 형제들을 위해 요리와 청소를 하는 것이 당연하다고 생각할 것이다. 우리는 의사가 될 수는 있다. 여자 환자를 위해 여자 의사가 필요하니까. 그러나 우리는 변호사도, 엔지니어도, 패션 디자이너도, 예술가도 될 수 없을 것이고 우리가 꿈꾸는 다른 일들 대부분도 할 수 없을 것이다. 남자 가족이나 친척이 동행하지 않으면 집 밖으로 나가지도 못할 것이다.

나는 앞으로 얼마큼 자유롭게 살 수 있을까?

아버지는 희망적이었다. 내가 글 읽기를 깨우쳤을 때 아버지는 자랑스럽게 말했다.

"이 아이를 좀 봐. 이 아이는 아주 크게 될 거야!"

나는 다른 면에서도 대부분의 여자아이들보다 훨씬 운이 좋았다. 아버지가 학교를, 바로 쿠샬 학교를 운영했기 때문이다. 칠판과 분필밖에 없는 소박한 곳이었고, 옆으로는 냄새나는 개천이 흘렀지만 내게는 천국이었다.

아버지는 학교의 모든 일을 도맡아 했다. 아버지는 교사였고, 교장이었고, 학교 수위와 목수와 기술 책임자 역할도 했다.

학교 운영에 드는 모든 비용을 지불하고 나면 음식 살 돈도 충분하지 못했다. 하지만 학교는 아버지의 꿈이었고, 우리는 그 꿈을 함께 실현해 갈 수 있어 행복했다.

부모님 말에 의하면 나는 걸음마를 하면서부터 아장아장 빈 교실로 걸어 들어가 선생님 흉내를 내며 옹알이를 했다고 한다.

점점 크면서는 수업 중인 교실에도 들어가 앉았다. 매일 여학생들이 등교하는 모습을 보며 나는 그 교복이 너무나 입고 싶었다. 샬와르 카미즈라 불리는 전통 복장으로 짙은 푸른색 긴 셔츠(카미즈)와 흰색 헐렁한 바지(샬와르), 흰색 머리 스카프였다.

마침내 학교에 들어갈 나이가 되자 나는 너무나 좋아 기쁨을 감출 수가 없었다.

나는 학교 안에서 자란 것이나 다름없다. 학교가 내 세계였고, 내 세계가 학교였다.

마술 연필

해마다 봄과 가을이면 우리 가족은 내가 세상에서 가장 좋아하는 곳으로 여행을 갔다. 바로 부모님이 자란 산간 마을 '샹글라'이다. 버스로 네 시간 거리였는데, 스와트 강을 따라 깎아지른 듯한 절벽을 끼고 굽이굽이 가야 하는 길이었다. 버스가 점점 높이 올라가면, 동생들은 계곡 아래에 굴러떨어진 차와 버스가 있다고 가리키곤 했다.

마침내 공기가 서늘하고 상쾌해질 때면, 보이는 것이라고는 첩첩이 이어지는 산뿐이었다. 산, 산, 산, 그리고 그 사이로 보이는 하늘 한 조각.

샹글라는 아주 가난한 마을이었지만, 우리가 도착하면 친척들은 항상 잔치를 열어 주었다. 특히 우리 이슬람교에서 가장 신성하게 여기는 라마단 기간이 끝나는 날인 작은 이드가 되면 잔치는 더욱 성대했다. 라마단 동안 우리는 해가 뜰 때부터 해가 질 때까지 음식을 먹지 않고 오로지 기도에 집중하며 신이 우리에게 선사한 모든 것을 기억에 새긴다. 샹글라에서 맞이하는 작은 이드에 우리 가족은 닭고기와 밥, 시금치와 양고기, 사과, 예쁜 노란색 케이크를 먹고 달콤한 밀크티를 마셨다. 우리가 버스 지붕에 가득 싣고 간 과자들도 함께 먹었다.

사촌들의 눈에 나는 도시 아이였다. 사촌들은 내가 맨발로 다니는 것을 좋아하지 않고, 그들처럼 집에서 만든 옷이 아니라 시장에서 산 옷을 입는다고 놀렸다. 하지만 우리나라의 수도 이슬라마바드 같은 진짜 도시에 사는 사람들이 나를 보면 시골 아이라고 생각했을 것이다.

샹글라에 있을 때에는 모두 시골 생활을 했다. 닭이 울면 집 밖으로 나가 아침을 맞이했다. 벌집에서 꿀을 따 먹고, 녹색자두에 소금을 뿌려 먹었다. 장난감도 책도 없었기 때문에 사방치기를 하고 골짜기에서 크리켓을 했다.

산간 지역 여성들의 삶은 쉽지 않았다. 제대로 된 가게도, 병원도, 여자 의사도 없었다. 밍고라의 여성들과 마찬가지로 샹글라의 여성들도 얼굴을 가렸다. 가까운 친척이 아니면 남자들을 만날 수도, 남자들에게 말을 걸 수도 없었다. 글을 읽을 줄 아는 여자가 없었다. 어머니도 이 마을에서 자랐고 그래서 글을 읽을 줄 몰랐다.

마을의 여자아이들 중에 학교에 다니는 아이들은 많지 않았다. 마을 사람들은 여자에게 교육은 별로 중요하지 않다고 생각했다. 여자는 어린 나이에 결혼을 해서 집을 떠나 남편 가족과 살 것이기 때문이었다.

"계집애를 왜 학교에 보내?"

"살림하는 데 학교 교육 같은 건 필요하지 않아."

남자들은 이렇게 말하곤 했다.

우리 문화에서는 윗사람에게 절대 말대꾸해서는 안 된다. 설사 어른이 틀렸을지라도 반드시 어른을 공경해야 한다. 그렇지만 여성들의 삶이 너무나 힘든 것을 보고 나는 혼란스러웠고 슬펐다. 그래서 나는 아버지에게 우리나라에서는 왜 여자들을 제대로 존중해 주지 않는 건지 물었다.

아버지는 아프가니스탄의 여성들은 더 나쁜 삶을 살고 있다고 말했다. 아프가니스탄은 파키스탄 옆 나라인데, 탈레반이라 불리는 위험한 무리가 장악했다. 탈레반은 서양의 것이라 여겨지는 모든 것들, 미국이나 캐나다, 유럽 국가들에서는 당연히 받아들

여지는 것들을 못마땅하게 생각했다. 서양의 사고와 행동은 그들의 매우 엄격한 이슬람 교리에 적합하지 않다고 주장했다. 하지만 탈레반은 이슬람교의 참된 가르침을 왜곡하여 다른 이들의 권리를 위협하고 있었다.

아프가니스탄에서는 여학교들이 파괴되었고, 모든 여성들은 머리끝에서 발끝까지 가리는 옷을 입었다. '부르카'라고 부르는 이 옷엔 앞을 보기 위한 조그만 구멍 하나만 있을 뿐이다. 여성들은 크게 웃어도 안 되고, 손톱에 매니큐어를 발라도 안 된다. 남성 가족의 동행 없이 혼자 다녔다는 이유로 감옥에 갇히기도 했다.

그런 이야기를 들으면서 나는 여학생들도 자유로이 학교에 다닐 수 있는 파키스탄에 살고 있는 것을 신에게 감사했다.

아버지는 나에게 말했다.

"내가 네 자유를 지켜 주마, 말랄라. 계속 꿈을 키워 가거라."

하지만 그때 나는 탈레반이 아프가니스탄에만 있는 게 아니라는 것을 몰랐다. 파키스탄에도 탈레반이 있었고, 그들은 곧 명랑한 내 어린 시절에 검은 그림자를 드리우게 된다.

내가 여덟 살이 되었을 때 쿠샬 학교는 800명이 넘는 학생이 다니는 학교로 성장해 있었다. 대부분의 학생들이 등록금을 내는 덕분에 우리 가족은 드디어 텔레비전을 살 수 있었다! 사피나와 나는 〈샤카 라카 붐 붐〉이라는 드라마를 보곤 했다. 산주라는 소년이 마술 연필로 그림을 그리면 그것이 진짜로 변하는 이야기였다. 배가 고프면 카레 한 그릇을 그렸고, 그러면 카레가 나타났다. 위험에 처하면 경찰관을 그렸다. 소년은 다른 사람들을 보호하는 작은 영웅이었다.

나도 내 마술 연필을 갖고 싶다는 꿈이 생겼다. 밤이면 기도를 했다.

"신이시여, 제게도 마술 연필을 주세요. 아무에게도 얘기하지 않겠습니다. 그냥 서랍 안에 넣어 주세요. 모든 사람들을 행복하게 만드는 일에 사용하겠습니다."

그러고 나서 서랍을 열어 보곤 했지만 연필은 늘 없었다.

어머니가 집 근처 공터에 쓰레기를 갖다 버리라고 할 때면 나는 정말 마술 연필이 있으면 좋겠다고 생각했다. 마술 연필로 그곳을 지워 버릴 수 있을 테니까. 악취, 쥐들, 산더미처럼 쌓여 썩어 가는 음식 쓰레기도 모두.

어느 오후, 감자 껍질과 달걀 껍데기를 쓰레기 더미 위에 쏟으려는 순간 무언가 움직이는 것을 보았다. 나는 깜짝 놀라 펄쩍 뛰었다.

내 또래 여자아이였다. 그 여자아이와 근처의 남자아이들 몇 명이 쓰레기 더미를 뒤지고 있었다. 그 아이들과 이야기를 해 보고 싶었지만 무서웠다.

그날 밤 아버지에게 그 아이들에 대해 물었다. 그 아이들은 왜 학교에 다니지 않는지도.

그 아이들은 쓰레기 더미에서 주운 것들을 팔아서 가족들이 먹고사는 데 보탠다고 아버지가 말했다. 그 아이들이 학교에 다니면 가족들이 굶주리게 된다고.

학교에 가지 못하는 삶을 신이 내게 보여 준 것이라는 생각이 들었다. 세상을 바꿀 수 있는 마술 연필 같은 것은 없었다. 마술이 아닌, 내가 무엇인가 해야 했다. 하지만 무엇을 해야 하는 걸까?

나는 신에게 편지를 썼다.

'이 세상을 더 나은 곳으로 만들 수 있는 힘과 용기를 저에게 주세요.'

나는 편지에 내 이름을 쓰고 돌돌 말아 나뭇조각에 묶은 다음 민들레 한 송이를 얹었다. 그리고 스와트 강으로 흐르는 시냇물에 띄웠다. 분명 알라신이 이 편지를 찾아 읽어 보실 것이다.

내가 쓰레기 더미의 아이들을 돕고 싶어 한 것처럼 어머니도 많은 사람들을 도우려 애썼다. 어머니는 밥과 닭고기 요리를 많이 만들어서 가난한 이웃 사람들에게 나누어 주곤 했다.

한번은 어머니에게 왜 음식을 나누어 주냐고 물은 적이 있다.

"배고픈 것이 어떤 것인지 경험해 봤기 때문이란다, 피쇼."
어머니가 말했다.

"우리가 가진 것은 나누어야 한다. 잊지 말아라."

라마단은 무엇일까? 작은 이드와 큰 이드는?

라마단은 이슬람 달력에서 아홉 번째 달이다. 가장 신성한 달인 라마단 기간 동안 전 세계 이슬람교도들은 더욱 헌신적으로 코란을 읽고 기도를 올리며 믿음을 굳건히 한다. 또 가족들과 함께 시간을 보내며 자선을 베풀고, 매일 해가 뜰 때부터 해가 질 때까지 금식한다. (해가 지고 나면 가족, 친구들과 함께 음식을 나누어 먹는다.)

이드는 일 년에 두 번 있는 이슬람교도들의 축제이다.
작은 이드는 이드알피트르라고도 부른다. 라마단 기간이 끝난 것을 축하하는 축제로 사흘 동안 계속되며, 이때 친척을 방문하고 선물을 주고받는다. 특히 어린이들에게 선물을 준다.

이슬람 달력의 열두 번째 달에는 제물을 바치는 축제인 이드알아드하가 열린다. 이것이 바로 **큰 이드**이며, 알라신의 명으로 선지자 아브라함이 제물을 바친 것을 기념한다. 이드알아드하의 정신은 알라신의 축복을 사랑하는 사람이나 주변의 가난한 사람들과 나누는 데 있다.

나쁜 학교라고?

어느 날 밤 누군가 우리 집으로 찾아왔다. 내가 문을 열자 마을의 노인 여섯 명과 인상을 찌푸린 남자 한 명이 서 있었다. 그 남자는 자신이 이슬람 율법학자라고 말했다. 아버지는 나를 다른 방으로 보냈지만, 나는 한마디도 놓치지 않고 다 들을 수 있었다.

남자는 우리 학교에 불만이 있다고 말했다.

"나는 선한 이슬람교도들을 대표하고 있습니다. 우리는 당신이 운영하는 여자 상급학교는 문을 닫아야 한다고 생각합니다."

남자가 말했다.

"십 대 여자아이들은 학교에 다녀서는 안 됩니다. 푸르다 전통을 지켜야 해요."

 이 율법학자는 여자들은 동등하게 교육받을 권리가 없다고 믿는 것이 분명했다. 그의 조카딸도 비밀리에 우리 학교를 다니고 있었다. 우리는 다 알고 있었는데, 그는 그 사실을 몰랐다.

 아버지가 율법학자와 논쟁을 하는 동안 마을 노인 한 사람이 입을 열었다. 그는 우리 집에 신성한 코란이 여러 권 있다며 놀랍다고 했다.

 "당연히 있지요! 나는 이슬람교도입니다."

 아버지가 말했다.

 그러고 나자 아버지와 남자들은 타협점에 이르렀다. 상급학교 여학생들은 별도의 문으로 등교하기로 한 것이다.

 그들이 돌아간 다음에도 나는 율법학자가 한 말이 계속 생각났고 속이 상했다. 그의 생각은 잘못되었다. 여자들이 학교에 다니는 것은 절대 이슬람 교리에 어긋나지 않는다.

 우리 부모님은 나를 야외에서 열리는 '마드라사'에 보냈다. 마드라사는 남학생과 여학생이 함께 코란을 공부하는 종교학교이다. 우리는 코란이 알라신의 말씀이라 믿는다. 코란은 아랍어로 기록되어 있다. 마드라사에서 들리는 기도 소리가 좋았고, 신성한 코란의 가르침에 따라 어떻게 생활해야 하는지 알려 주는 이야기도 좋았다.

그러나 많은 아이들에게 마드라사는 배움을 얻을 수 있는 유일한 장소였다. 마드라사에 같이 다니던 아이들은 코란을 암송할 수 있었지만, 실제로 그 아랍어가 무슨 뜻인지는 몰랐다. 그 아랍어 단어들의 의미를 배우고 싶어 하지 않았다. 나처럼 쿠샬 학교에서 과학, 수학, 문학 같은 다른 과목도 배우는 아이는 거의 없었다.

나는 그 차이를 깊이 생각하지 않다가 이슬람 율법학자가 다녀간 후에야 다시 생각하게 되었다. 어느 날 동네 아이들과 크리켓 경기를 하기 위해 편을 나누고 있었는데, 한 남자아이가 나와 같은 편이 되고 싶지 않다고 말했다.

"우리 학교가 너희 학교보다 좋거든."

그 아이가 이유를 설명한다는 듯이 말했다. 그 아이의 학교는 마드라사였다. 나는 전혀 동의하지 않았다.

"우리 학교가 더 좋아."

내가 말했다.

"너희 학교는 나빠. 정통 이슬람 방식이 아니잖아."

그 아이가 고집했다.

나는 어떻게 대꾸해야 할지 몰랐지만 그 아이의 말이 틀렸다는 것은 알았다. 쿠샬은 최고의 학교였다. 여성이 남성과 동행하지 않으면 집 밖으로 나가지 못하는 나라에서, 나와 우리 학교 여학생들은 책을 통해 멀리 넓은 세상을 여행할 수 있었다. 함께 놀던 남자 동급생들과 곧 분리되어야 하는 나라였지만, 우리 학교에서만큼은 바람처럼 자유롭게 달렸다.

우리는 학교를 졸업한 후 어떤 길을 가게 될지 몰랐으나, 다니는 동안은 그저 평화롭게 공부하고 싶었을 뿐이다. 쿠샬 학교에 도착해 책가방을 내려놓는 순간 우리는 여느 학생들과 마찬가지의 걱정을 했다. 시험에서 누가 일등을 할까? 쉬는 시간에 누구와 함께 앉을까? 우리는 열심히 공부했고, 함께 웃고 즐거워했다.

내가 그렇게 많은 것을 배우고 그렇게 많이 웃었던 곳이 어떻게 나쁜 학교일 수 있겠는가?

2부

두려움이라는 그림자

옷장 안의 텔레비전

어느 날 저녁, 우리는 근처에 사는 친척 집에 갔다가 라디오에서 이상한 흐느낌 소리를 들었다. 처음에는 종교 지도자의 설교 소리처럼 들렸다. 매일 기도하십시오, 그가 말했다. 라디오를 듣고 있던 여자들이 그럼요, 하며 중얼거렸다.

그때 그가 외치기 시작했다.

"음악을 듣지 마십시오. 영화도 보러 가지 마십시오. 춤도 추지 마십시오. 다 하지 마세요. 계속 그런 일들을 하면 알라신께서 또 지진을 일으켜 우리 모두를 벌하실 겁니다."

몇몇 여자들이 울기 시작했다. 지난해 우리 지역에서 일어났던 최악의 지진이 다시 떠올랐기 때문이다. 그때 파키스탄 북부 지역은 폐허가 되었고, 그곳에 있던 사람들은 고립된 채 두려움에 떨었다.

나는 라디오 속 남자의 말이 사실이 아니라고 말하고 싶었다. 지진은 과학적으로 설명되는 현상이다. 하지만 그 여자들은 전혀 교육을 받지 못했고, 종교 지도자를 믿고 따르라는 말을 들으며 자랐다.

아버지는 우리에게 그 남자의 말에 귀 기울이지 말라고 했다. 사람들은 그 남자를 '라디오 물라'라고 불렀는데, 물라는 종교 지도자라는 뜻이다. 라디오 물라는 모든 음악은 이슬람 율법에 어긋나므로 금지된다고 했다. 오직 그의 라디오 채널만이 들어도 좋은 방송이라 했다. 또 라디오 물라는 남자들은 머리카락과 수염을 길게 길러야 하고, 여자들은 항상 푸르다를 지키며 집 안에 있어야 한다고 말했다. 여자들은 급한 일이 있을 때만 외출할 수 있으며, 이때도 반드시 부르카를 입고 남자 친척과 동행해야 한다고.

그런데 학교에서 아이들이 그가 한 말을 거의 똑같이 되풀이하기 시작했다. 많은 사람들은 라디오 물라가 매일 기도하는 일의 중요성을 알렸다며 찬양했다.

사람들은 우리 정부를 믿지 않았다. 지진이 났을 때 정부의 도움이 충분하지 않았기 때문에 파키스탄 법 제도에 문제가 있다고 느꼈다. 그래서 다시 이슬람 율법을 되살려야 한다는 라디오 물라의 생각에 동조했다.

알고 보니 라디오 목소리의 주인공은 파즐울라였다. 파즐울라는 지진으로 피해를 입은 사람들에게 도움을 준 종교 단체의 지도자 중 한 사람이었다. 이제 그는 지진이라는 재난을 이용해 사람들에게 겁을 주고 있었다.

내가 점점 자라면서, 남자들이 토론할 때 눈에 띄지 않게 그 자리에 있는 것이 힘들어졌다. 그래서 집에 손님이 오면 나는 아버지와 손님들에게 차를 내어 가곤 했다. 그러면 자연스럽게 가까이에서 어른들의 대화를 들을 수 있었다.

대개 두 가지 주제였다. 라디오 물라인 파즐울라와 국경 너머 아프가니스탄에서 일어나고 있는 전쟁에 대한 이야기였다. 지난 몇 년 동안 미국과 몇몇 나라들이 아프가니스탄에서 탈레반 정부를 무너뜨리기 위해 싸우고 있었다. 탈레반은 자신들과 비슷한 믿음을 가지고 활동하는 알카에다를 돕고 있었다. 알카에다는 오사마 빈 라덴이 만든 급진적인 테러 단체였다.

탈레반. 그 단어를 듣자마자 나는 우리가 샹글라에 갔을 때 아버지와 했던 대화가 떠올랐다. 그때는 탈레반이 아주 먼 곳의 이야기처럼 들렸었다. 그런데 파즐울라가 파키스탄의 탈레반과 연결되어 있으며, 탈레반이 우리 스와트에까지 손을 뻗쳐 올 거

라고 아버지는 말하고 있었다. 태어나 처음으로 세상이 내 눈앞에서 바뀌고 있는 것을 목격했다. 그것도 좋지 않은 방향으로.

라디오 물라는 스와트에 두려움이라는 어두운 그림자를 드리웠다.

어느 날 학교에 가니 친구들이 모두 한곳에 모여 지난밤 라디오에서 들은 이야기를 하고 있었다. 파즐울라가 여학교도 코란의 가르침에 어긋난다고 말했다는 것이다.

아버지는 파즐울라의 이야기는 최대한 무시하라고 말했다.

"우리는 우리 마음속에서나마 충만한 생활을 해야 한다."

그래서 늘 그랬듯 우리는 저녁 식사 때 둘러앉아 아인슈타인과 뉴턴, 시인과 철학자에 대해 이야기를 나누었다. 그리고 또 늘 그랬듯 나는 동생들과 리모컨을 누가 가질지, 누구 성적이 더 좋을지를 두고 싸웠고, 아무것도 아닌 것을 두고, 때로는 모든 것을 두고 싸웠다.

2007년 7월, 파즐울라는 파키스탄 정부와의 전쟁을 선포했다. 그리고 사람들에게 정부에 폭력으로 맞서라고 요구했다.

곧 파즐울라가 다른 탈레반 무리와 힘을 합쳐 여자들이 공공장소에 나가는 것을 완전히 금지시켰다. 갑자기, 어디를 보아도 탈레반들이 잡초처럼 솟아났다. 그들은 머리와 수염을 길게 기르고 검은 터번을 썼으며 흰색 샬와르 카미즈를 입고 있었다. 그리고 총을 들고 있었다.

파즐울라의 부하들이 집집마다 돌아다니며 문 앞에서 엿듣는다는 소문이 돌았다. 텔레비전 소리가 들리면, 문을 박차고 들어가 텔레비전을 박살 낸다고 했다.

동생들과 나는 웃긴 이름의 레슬링 선수들과 마술 연필을 가진 소년을 왜 그렇게 나쁘다고 하는지 이해할 수 없었다. 하지만 우리는 문을 두드리는 소리가 날 때마다 깜짝 놀라곤 했다.

결국 우리는 텔레비전을 옷장 안으로 옮겼다. 낯선 사람이 오더라도 텔레비전을 보지 못할 것이다.

어떻게 파즐울라가 그렇게 큰 힘을 갖게 된 것일까? 왜 아무도 그에게 저항하려 하지 않는 것일까?

쿠샬 학교에도 파즐울라의 그림자가 드리워졌다. 학교에 오지 않는 친구들의 숫자가 조금씩 늘었다. 선생님 한 명은 아버지에게 더 이상 여학생들은 가르치지 않겠다고 말했다.

파즐울라가 라디오에서 학교를 그만둔 여학생들을 칭찬하며 이름을 발표하기 시작하자 어머니는 내게 절대 혼자 학교에 가지 말라고 당부했다. 어머니는 내가 교복 차림으로 혼자 있다가 탈레반 눈에 띌까 봐 걱정했다.

나는 파즐울라의 부하들이 명령에 복종하지 않는 사람들을 벌준 이야기를 듣고 진저리를 쳤다. 우리 스와트가 어떻게 되어 가고 있는 걸까? 우리는 어떻게 되는 걸까?

나는 잠들 때마다 기도했다. 신이시여, 제발 우리를 보호해 주세요.

아버지가 어느 모임에 참석해 탈레반을 비판하는 연설을 했다. 그리고 이슬라마바드로 가서 정부가 우리 시민들을 보호해 줄 것을 촉구했다. 아버지가 집을 떠난 동안 나는 밤마다 한 번,

두 번, 때로는 세 번씩 집 안을 돌며 모든 문과 창문이 잘 잠겼는지 확인하곤 했다.

때때로 아버지는 미행하는 사람이 있을 것을 염려해 친구 집에서 자기도 했다. 가족을 위험에 빠뜨릴까 봐 우리를 보호하기 위해 집에 오지 않은 것이지만, 그래도 우리를 걱정으로부터 보호할 수는 없었다. 아버지가 없는 밤이면 어머니가 밤새도록 기도하는 소리가 들렸다.

아버지는 그저 한 사람의 교장 선생님이었지만 다른 이들이 가려 하지 않는 곳으로 담대하게 날아가는 송골매와도 같았다. 그리고 어머니는 우리 곁에서 굳건히 땅을 딛고 서 있었다.

어느 날 교문에 편지 한 장이 붙어 있었다. 아버지 앞으로 온 것이었다.

'선생, 당신이 운영하는 학교는 서구식이며 불경스럽다. 여자아이들을 가르치고 이슬람교답지 못한 교복을 입히고 있다. 이를 중단하지 않으면 큰 문제가 될 것이며 당신의 자식들은 당신 때문에 눈물을 흘리며 울게 될 것이다.'

이슬람교 열성분자라는 서명이 있었다. 탈레반이 아버지를 협박한 것이다. 나는 두려워졌다.

다음 날 아버지는 탈레반에게 답하는 편지를 신문에 실었다.

'학생들을 해치지 않기 바랍니다. 당신이 믿는 신과 우리 학생들이 매일 기도를 올리는 신은 같은 신입니다.'

 그날 밤 집 전화가 끊임없이 울렸다. 그 편지를 실은 것에 고마움을 표하기 위한 아버지 친구들의 전화였다.

아버지는 예전에도 항상 바쁜 사람이었지만, 이제는 아버지가 집을 나설 때마다 걱정하지 않을 수 없었다. 아버지가 무사히 집으로 돌아오실까?

아버지는 우리 학교 교복을 바꾸기로 결정했다. 남학생들은 '서양식' 셔츠와 바지 교복 대신 전통 의상인 샬와르 카미즈를 입기로 했다. 나는 여전히 파란색과 흰색의 샬와르 카미즈를 입었지만, 탈레반은 여학생이 흰색 샬와르를 입으면 남학생처럼 보일 수 있어 안 된다고 말했다. 내가 좋아하는 교복을 입으면서 이제는 죄를 짓는다고 느끼게 되어 버렸다.

내가 잘못한 것도 없는데 왜 겁을 먹어야 하지? 나는 그저 학교에 다니고 싶을 뿐인데. 그리고 그것은 범죄가 아니다. 나의 권리이다. 게다가 나는 용감하게 탈레반에게 항거하는 지아우딘 유사프자이의 딸이다. 속으로는 떨리고 무섭더라도 나는 절대 고개를 숙이고 다니지 않을 것이다.

때때로 내 마음속 작은 목소리가 내게 속삭였다. 파키스탄을 더 나은 나라로 만들기 위해 너도 나서서 싸우면 어떠니?

아버지가 주목을 받고 있었기 때문에 기자들이 종종 내게 다가와 여학생이 학교를 다닐 수 없게 되는 것을 어떻게 생각하는지 묻곤 했다. 그즈음 전국에 뉴스를 방송하는 텔레비전 채널에서 여성 교육에 관한 인터뷰를 하게 되었다. 나는 많이 떨렸지만 끝까지 잘 이야기했다. 마음에 들었다.

그때 나는 스스로 다짐했다.

'싸움을 계속해 나갈 거야. 우리나라의 평화와 민주주의를 위해서.'

나는 겨우 열 살이었지만 어떤 식으로든 방법을 찾을 수 있을 거라 생각했다.

좋은 편은 없는 거야

　어느 날 학교에 있는데 밖에서 요란하고 무시무시한 소리가 들렸다. 학생과 선생님 모두 운동장으로 뛰어나가 하늘을 쳐다보았다. 검은색 군용 헬리콥터 한 무리가 하늘을 어둡게 뒤덮고 있었다. 헬리콥터들이 주변에 바람을 일으키며 흙먼지 폭풍을 만들었고, 우리 목소리도 그 소음에 삼켜져 들리지 않았다.
　무언가 우리 발치에 떨어졌다.
　탁! 탁! 탁! 우리는 비명을 질렀고, 그러고 나서 곧 환호했다. 그것은 사탕이었다! 군인들이 우리에게 사탕을 던지고 있었다. 우리는 큰 소리로 웃음을 터뜨리며 사탕을 잡기 위해 뛰어다녔다. 하늘에서 사탕이 떨어지고 있어! 평화가 다가오고 있는 거야!

우리는 그동안 신에게 기도하고 있었다. 검은 터번을 두르고 커다란 총을 가진 파즐울라의 부하들과 맞설 사람을 보내 달라고. 그런데 이제 우리 도시에 초록색 군복을 입은 정부군이 들어오고 있었다.

실제로 파즐울라의 부하들은 마치 땅속으로 녹아드는 눈처럼 하룻밤 사이에 사라졌다. 하지만 그들이 아주 멀리 간 것은 아님을 알았기 때문에 밍고라에서 긴장과 두려움이 완전히 사라지지는 않았다. 여전히 학교가 끝나면 동생들과 나는 집에 뛰어 들어온 다음 문을 잠갔다. 더 이상 골목에서 크리켓 경기를 하지 않았다. 더 이상 동네에서 숨바꼭질도 하지 않았다. 더 이상 하늘에서 사탕도 떨어지지 않았다.

어느 날 나는 사원 꼭대기 스피커에서 들려오는 통행금지 발표를 들었다. 그때 나는 혼자 있었기 때문에 사피나네 집 담장을 두드리고 통행금지라는 단어의 뜻을 물었다. 사피나와 사피나의 어머니, 오빠가 통행금지는 밤에 항상 집 안에 있어야 하고, 낮에도 일정 시간이 되면 집으로 들어가야 한다는 뜻이라고 말해 주었다.

그날 밤, 밝고 하얀 빛 한 줄기가 하늘을 가르며 번쩍했고, 집 안까지 환해졌다. 그때였다. 쿵! 땅이 뒤흔들렸다. 동생들과 나는 부모님에게 달려갔고, 우리는 서로를 껴안은 채 온몸을 떨었다. 폭탄이 떨어질 때마다 엄청나게 큰 소리가 들렸고, 우리는 꼭 껴안고 있다가 그대로 잠이 들고 말았다.

우리는 그 소리가 정부군이 탈레반을 물리쳤다는 의미이길 바랐다. 아침이 되자 아버지가 무슨 일이 있었는지 알아보러 나갔고, 좋지 않은 얼굴로 돌아왔다. 아버지가 알게 된 사실을 들려주었을 때 우리는 가슴이 무너져 내렸다. 탈레반이 스와트를 장악할 것이라 했다.

그 후 정부군과 탈레반의 싸움은 1년 반 동안 계속되었다. 동생들은 부모님 침대 위에서 함께 잤고, 나는 바닥에 담요를 쌓고 잤다. (전쟁 중이긴 했지만 나는 동생들이 내 자리를 빼앗은 것이 미웠다!)

이상하게 들릴 수도 있겠지만 우리는 차츰 폭탄 소리에 익숙해져 갔다.

나는 부모님 침실 바닥 내 자리에서 종종 알라신에게 기도를 했다.

"우리를 축복하시고 우리 가족을 보호해 주세요."

그러다 고쳐 기도했다.

"아니 우리 동네를 축복해 주세요. 아니 스와트 전체를 보호해 주세요."

그리고 또 기도했다.

"파키스탄을, 아니 파키스탄뿐 아니라 이 세상 전체를 축복해 주세요."

나는 귀를 막은 채 내 기도가 둥실 하늘로 떠올라 알라신에게로 가는 광경을 그려 보았다.

그러던 어느 날, 내 기도가 응답받았다. 정부군이 완전히 승리한 것은 아니지만 최소한 탈레반을 몰아냈고, 멀리 쫓진 못했다 하더라도 몸을 숨기게 만들었다.

전쟁 동안 학교 문이 항상 열렸던 것은 아니지만, 학교가 열리면 나는 빠지지 않고 갔다. 친구들과 나는 이제 상급학교로 진학했고 우리의 우정 어린 경쟁은 더욱 치열해졌다. 우리는 좋은 성적만으로 만족하지 않았다. 우리는 최고의 성적을 원했다.

또 우리는 선생님의 인정을 받고 싶어 했다.

선생님의 인정을 받으면 내가 대단한 사람처럼 생각되었다! 여자가 학교에 다니는 것이 쓸데없는 짓이라고 생각하는 사람들이 많은 나라에서, 선생님은 우리가 꿈을 가꾸고 이룰 수 있도록 도와주었다. 여자 상급학교의 마리암 선생님은 현명하고 독립적인 사람이었고, 나도 그렇게 되고 싶었다. 선생님은 대학에서 공부했고 직업을 갖고 스스로 돈을 벌었다.

수업 시간엔 수학, 화학, 물리 등 여러 과목을 배웠지만, 그즈음 쉬는 시간에 우리가 주로 이야기 나눈 주제는 정부군과 탈레반이었다. 한 친구는 "탈레반이 좋은 편이고 군대는 나쁜 편이야."라는 말을 하며 나를 속상하게 하곤 했다. 그럴 때면 나는 이렇게 대답해 주고는 했다.

"싸우는 두 편 사이에 껴 있을 때 좋은 편은 없는 거야."

학교를 오가는 길이 늘 긴장되고 무서웠기 때문에 일단 집에 돌아와 안전해지면 나는 그저 쉬고 싶은 마음뿐이었다. 어느 날 동생들보다 먼저 집에 도착한 나는 텔레비전을 틀었지만 화면에는 잡음만 가득했다. 다른 채널로 돌려 보았지만 다 마찬가지였다.

처음엔 또 정전인 줄 알았다. 그동안 정전이 많았기 때문이다. 하지만 그날 밤 우리는 파즐울라의 부하들이 모든 케이블 채널들을 다 차단시켰다는 것을 알게 되었다. 우리는 바깥 세계와 완전히 단절되었다.

어느 날은 아버지가 두 손에 머리를 파묻은 채 말했다.

"아, 자니. 세상이 미쳐 버렸구나."

파즐울라의 부하들이 근처 마을에 있는 여학교를 파괴했다고 했다.

나는 가슴이 무너져 내리는 것 같았다. 탈레반이 왜 아이들에게서 읽고 쓰는 법을 배울 기회를 빼앗으려 하는지 도저히 이해할 수 없었다. 학교가 탈레반에게 위협이 된다는 말인가?

나는 기도를 했다.

"알라신이시여, 제발 우리가 스와트를 지키고 폭력을 멈출 수 있도록 도와주세요."

파즐울라의 부하들은 매일 새로운 곳을 공격 목표로 삼았다. 상점, 도로, 다리, 그리고 학교들이 파괴되었다. 그런 공격들 대부분은 밍고라 밖에서 일어났지만 점점 가까이 다가오고 있었다. 어느 날 부엌에서 설거지를 하고 있었는데 폭탄이 집 가까이 떨어져 집 전체가 흔들리고 창문 위에 달려 있던 선풍기가 떨어졌다.

나는 자라면서 테러리즘이란 단어를 듣곤 했지만 그제야 그 의미를 제대로 이해할 수 있었다. 전쟁은 군인들끼리 전투를 벌이는 것이다. 테러는 전쟁과 달랐다. 일반 시민도 밤에 잠에 들면서 다음 날 어떤 끔찍한 일을 맞게 될지 두려워했다. 늘 다니던 길을 걸으면서도 누구를 믿어야 할지 알 수 없었다. 이제 적은 사방에 있었고 공격은 어디에서나 일어났다.

우리 가족은 폭격 소리를 들을 때마다 같은 행동을 되풀이했다. 서로의 이름을 부르며 모두의 안전을 확인했다. 그런 다음 사이렌 소리가 들리는지 귀를 기울였다. 그러고 나서 다 함께 기도를 올렸다.

　이런 식의 시도 때도 없는 테러 때문에 우리는 평소와 다르게 살아야 했다. 아버지는 혹시 누군가 아버지의 출퇴근길을 지켜보고 있을까 봐 매일 다른 길로 다니기 시작했다. 어머니는 시장 가는 일을 꺼렸고, 동생들은 환한 대낮에도 집 안에 들어가 있었다. 그리고 우리 집 근처에서 폭탄이 터졌을 때 두 번 다 부엌에 있었던 나는 가능한 한 부엌 근처에는 얼씬도 하지 않았다. 왜 사람이 자기 집 부엌을 두려워하며 살아야 한단 말인가?

　밤이 되면 상황은 더 나빠졌다.

　파즐울라의 부하들은 대부분 밤에 공격을 했고, 학교를 파괴하는 일도 밤에 했다. 2008년 한 해에만도 탈레반이 공격한 학교는 200개가 넘었다. 아침마다 쿠샬 학교 앞의 길모퉁이를 돌기 직전 나는 눈을 감고 기도를 했다. 밤새 학교가 폐허가 되었을까 봐 다시 눈을 뜨기가 두려웠다. 테러를 경험한다는 것은 이런 느낌이었다.

　어느 날 밤, 폭격이 특히나 우리 집 가까이에서 일어났을 때 나는 아버지 옆으로 가까이 갔다.

　"아버지도 무서워요?"

　나는 물었다.

"밤이 되면 우리는 두려움에 휩싸이지만, 자니."
아버지가 말했다.
"아침이 되어 햇빛이 비치면 우리는 다시 용기를 되찾게 될 거란다."

3부

나의 목소리, 우리의 목소리

마이크 앞에서

아버지는 공개적으로 학교 포격을 비판했다. 그런 비판이 매우 위험한 일인 것을 알았지만 뜻을 굽히지 않았다. 아버지는 또 수도 이슬라마바드로 가서 정부의 도움을 요청했다. 우리 아버지는 용감했다.

어머니는 우리가 등교하기 전 우리를 꼭 안고서 기도했다. 어머니는 늦은 밤이면 전화기를 손에서 놓지 않았고, 한 시간마다 아버지에게 전화하고 싶은 것을 꾹 참았다.

학교에서 나와 친구들은 여학교를 파괴하는 탈레반의 무력 행동을 어떻게 생각하는지, 우리에게 학교가 얼마나 큰 의미인지에 대해 연설문을 썼다. 우리는 조회 시간에 연설문을 읽을 계획이었는데, 조회가 있는 날 텔레비전 방송국 한 곳에서 우리 학교에 왔다.

신나고 놀라웠다. 여학생들이 모여 평화에 대해 이야기하는 것에 관심 가져 줄 사람이 아무도 없을 거라 생각했기 때문이다. 나는 경험이 있어서 다른 아이들에 비해 카메라 앞에서 이야기하는 것이 조금 더 편안했지만, 그래도 떨리긴 떨렸다.

우리 쿠샬 학교는 민주적이었기 때문에 모든 여학생이 말할 기회를 가졌다. 두려움 때문에 학교를 그만둔 친구들에 대해 말했고, 우리가 얼마나 배우고 싶어 하는지에 대해 말했다.

우리 학교 웅변 우승자인, 그리고 나와 가장 친한 친구인 모니바는 앞으로 나가 시인처럼 말했다.

"탈레반 때문에 온 세상 사람들이 우리를 테러리스트라고 부릅니다. 그건 사실이 아닙니다. 우리 파슈툰 사람들은 평화를 사랑합니다. 우리의 산, 우리의 나무, 우리의 꽃, 우리 땅에 있는 모든 것이 평화를 상징합니다."

다음은 내 차례였다. 내 앞에 마이크가 놓이자 나는 곧 확신에 찬, 단호하고 강인한, 그리고 자부심이 가득한 이야기를 하기 시작했다. 마이크 앞에 서니 마치 온 세계를 향해 이야기를 하는 기분이었다.

"지금은 석기시대가 아닙니다. 그런데도 우리는 그 시절로 퇴

보하고 있습니다. 우리 여학생들은 점점 더 많은 권리를 박탈당하고 있습니다."

나는 내가 얼마나 학교를 사랑하는지에 대해 이야기했다. 배우는 일이 얼마나 중요한지에 대해서도.

"우리는 아무것도 두렵지 않으며, 계속 교육을 받을 것입니다. 이것이 우리의 꿈입니다."

나는 그 순간 이야기를 하고 있는 것이 나, 말랄라가 아님을 깨달았다. 내 목소리는 소리 높여 의견을 말하고 싶으나 그럴 수 없는 많은 다른 사람들을 대신하는 목소리였다. 나는 지역 방송국의 기자들과 이야기를 하고 있을 뿐이었지만, 봄이 되면 바람이 꽃가루를 퍼뜨리며 온 세상에 씨를 뿌리듯이 내 말도 널리 싣고 갈 것 같았다.

그 후 내게 재미있는 습관이 생겼다. 혼자 거울을 보며 연설을 하는 것이었다. 그럴 때면 거울에는 내가 아니라 내 이야기에 귀를 기울이는 수많은 사람들이 비쳤다.

거울에 대고 연설하는 내 모습이 참 실없다고 느낀 적도 있었다. 나는 여전히 빈 교실에서 선생님 흉내를 내던 그 어린 말랄라였을지도 모른다. 하지만 그 이상의 무언가가 있었던 것 같다.

거울 속의 그 소녀는, 세상을 향해 연설하는 상상을 하던 그 열한 살 소녀는, 미래의 말랄라였는지도 모른다.

　2008년 내내, 스와트가 공격당하고 있는 동안 나는 결코 침묵하지 않았다. 나는 우리 지역뿐 아니라 전국 텔레비전 채널, 라디오, 신문 등 내 말에 귀를 기울여 주는 이들이라면 가리지 않고 나의 생각을 밝혔다.

비밀 일기

"1월 15일 이후 여자는, 나이를 불문하고 모두 학교에 가서는 안 된다. 이를 지키지 않으면 우리가 어떤 행동을 할지 잘 알고 있으리라 믿는다. 부모와 교장은 마땅히 책임을 지게 될 것이다."

2008년 12월 말 파즐울라가 방송한 내용이다. 나는 처음에는 믿지 않았다. 어떻게 한 사람이 5만 명이 넘는 여학생들이 학교에 가는 것을 막을 수 있단 말인가?

학교 친구들 몇몇은 충분히 가능한 일이라고 생각했다. 한 아이가 말했다.

"탈레반이 이미 학교 몇백 개를 폭파시켰지만 누구도 아무것도 할 수 없었잖아."

나는 우리가 그들을 막아 낼 수 있다고 주장했다. 하지만 며칠 지나지 않아 우리 학년은 스물일곱 명에서 열 명으로 줄어들었다.

학교에 오지 않는 아이들의 가족이 파즐울라에게 굴복한 것으로 느껴질 수밖에 없었고, 그래서 슬프고 우울했지만 한편으로는 이해했다. 친구들의 아버지, 오빠, 삼촌 들이 학교에 보내지 않고 집에 머물게 한 것은 안전을 걱정했기 때문이니까. 스스로 패배감에 빠져드는 것을 느낄 때마다 나는 신께 기도했다.

"학교에 갈 수 있는 날이 얼마 남지 않았을지 모릅니다. 그 하루하루를 소중하게 여기도록 도와주세요. 알라신이여, 더 열심히 싸울 용기를 주세요."

나는 학교에 가지 못한다면 무엇을 하고 살아야 하나 걱정하곤 했다. 내 남은 평생을 사람들 눈에 띄지 않게 집 안에서 지내며, 텔레비전도 보지 못하고 책도 읽지 못하고 살아야 한다면? 어떻게 공부를 끝마치고 의사가 된단 말인가? 그때는 의사가 되는 것이 나의 가장 큰 꿈이었다.

원래 우리 학교는 1월 첫 주까지 수업한 후 방학할 예정이었지만 아버지는 방학 시작을 1월 15일로 한 주 늦췄다. 우리가 학교에 다닐 수 있는 마지막 기회일지도 모르기 때문이었다. 우리는 1월 15일까지 하루하루 소중하게 보내려 노력했지만, 아침이면 누군가 파즐울라 무리에 대한 끔찍한 이야기를 들려주곤 했다. 그들이 탈레반의 생활 방식을 엄격하게 따르지 않은 사람들을 해쳤다는 나쁜 소식이었다. 그리고 이제 곧 우리는 학교에 가는 일을 금지당할 것이다.

어느 오후, 나는 아버지가 전화 통화하는 소리를 들었다.

"선생님들이 전부 거절했네. 다들 아주 두려워하고 있어. 하지만 내가 최선을 다해 보겠네."

영국의 영향력 있는 방송국인 BBC에서 일하고 있던 아버지의 친구가 탈레반 치하에서의 일상을 BBC 웹사이트에 일기로 써 줄 여자 선생님 또는 상급학교 여학생을 찾아 달라고 부탁했던 것이다. 선생님들은 모두 거절했고, 상급생 한 명이 하겠다고 했지만 그 여학생의 아버지가 너무 위험하다고 반대했다.

아버지는 탈레반이 잔인하다 해도 설마 어린아이를 해치지는 않을 것이라 말하고 싶었지만, 그 학부모의 결정을 존중했다.

나는 겨우 열한 살이었고, BBC에서 더 나이 많은 여학생을 원한다는 것을 알았지만, 그래도 말했다.

"나는 안 돼요?"

나는 그 일기가 파키스탄 바깥 세계 사람들에게도 읽힐 거라 생각했다. BBC니까. 아버지는 언제나 나를 응원하고 지원했다.

나도 아버지를 응원하고 지원할 수 있지 않을까? 나는 그럴 수 있을 것이다. 계속 학교에 다닐 수만 있다면 무엇이든 하고 싶었다.

아버지의 얼굴을 보니 내가 그러기를 바라면서도 한편으로는 불안한 표정이었다. 우리는 먼저 어머니에게 의논했다. 어머니가 반대하면 나는 하지 않을 생각이었다.

어머니는 코란의 한 구절로 답을 대신했다.

"거짓은 사라져야 하고 진실이 앞으로 나서야 한다, 피쇼."

신이 나를 보호해 줄 거라고, 왜냐하면 나의 임무가 선한 것이기 때문이라고 어머니가 말했다.

우리 가족은 삶을 바라볼 때 위험이 아닌 가능성을 보았다. 우리는 항상 희망이 존재한다고 믿었다.

"당당히 의견을 밝히는 일만이 상황을 나아지게 할 유일한 길이란다."

어떻게 일기를 쓰면 좋을지 고민하는 내게 BBC 기자가 조언을 해 주었다. 나의 안전을 우려한 기자는 탈레반이 일기 쓰는 사람이 누군지 알아낼 수 없도록 가명을 사용하라고 권했다. 기자는 '굴 마카이'라는 가명을 골라 주었다. '옥수수꽃'이란 뜻으로 파슈툰 설화에 나오는 여주인공 이름이다.

나의 첫 번째 일기는 2009년 1월 3일에 실렸다. 파즐울라가 통첩한 최종 기한 2주일 전이었다. 제목은 '나는 두렵다'였다. 도시 외곽의 산에서 끊임없이 들려오는 전투의 소음 속에서 공부를 하고 밤에 잠을 자는 일이 얼마나 힘든지에 대해 썼다. 그리고 매일 아침 걸어서 학교에 갈 때마다 탈레반이 나를 뒤따라오고 있지는 않은지 뒤돌아보곤 하는 나의 등굣길을 묘사했다.

인터넷 덕분에 온 세상 사람들이 스와트에서 일어나는 일을 읽을 수 있게 되었다. 마침내 신께서 마술 연필을 가지고 싶어 했던 나의 소원을 이뤄 주신 것 같았다.

다음 글에서는 학교가 얼마나 소중한 내 생활의 중심인지, 그리고 내가 교복을 입고 밍고라 거리를 걷는 일을 얼마나 자랑스러워하는지에 대해 이야기했다. 기자는 그다음 글로 우리 지역에서 일어나는 전투에 대해 써 달라고 했다. 그런 전투가 기자에게는 뉴스였겠지만, 매일 경험하는 일상이었던 내게는 더 이상 뉴스도 아니었다.

나는 내가 겁이 없다고 느낄 때도 있었다. 그런데 어느 날, 학교에서 집에 오는 길에 내 뒤에서 발걸음 소리가 가까워지더니 죽여 버리겠다는 남자의 말이 들렸다. 심장이 멎는 것만 같았다. 나는 간신히 걸음을 옮겼고, 점점 더 빨리 걸어 그 사람을 멀찌감치 따돌렸다. 집으로 뛰어 들어가 문을 닫고는 몇 초 후 살짝 문밖을 내다보았다. 그는 내게 전혀 관심 없이 전화기 너머 누군가에게 고함을 지르고 있었다.

나는 웃음을 터뜨리며 혼잣말을 했다.

"두려워해야 할 진짜들이 있는데 상상까지 해 가며 겁먹을 필요는 없잖아."

진짜 걱정되는 것은 일기를 쓰는 사람이 나라는 사실이 밝혀지는 일이었다.

굴 마카이의 진짜 정체를 제일 먼저 추측한 사람은 모니바였다.

"인터넷에서 일기를 읽었어."

어느 날 쉬는 시간에 모니바가 내게 말했다.

"그런데 그 이야기가 우리 이야기 같더라. 우리 학교에서 일어나고 있는 일 같더라고. 그거, 너지? 그렇지?"

나는 모니바에게는 사실대로 이야기할 수밖에 없었다. 그런데 모니바는 그 어느 때보다 더 심하게 화를 냈다.

"넌 제일 친한 친구라는 아이가 어떻게 나한테 그렇게 중요한 걸 감출 수 있어?"

모니바는 뒤돌아서더니 그대로 가 버렸다. 몹시 화를 내긴 했지만, 모니바가 내 비밀을 입 밖에 낼 아이는 아니다.

비밀이 새어 나간 건 아버지를 통해서였다. 우연이었다. 아버지는 어느 기자에게 지금 여자아이들이 걸어서 등하교하는 일이 얼마나 무서운 일인지 이야기하면서 내 이야기를 했다. 자신의 딸은 지나가는 남자가 전화하는 소리만 듣고도 두려움에 떨었다고. 그러자 모두 그 이야기가 일기에 나왔던 내용임을 알아차렸다.

어쨌든 일기는 제 몫을 해냈다. 이제 많은 기자들이 파키스탄에서 여학교를 폐쇄시키려는 파즐울라의 계획에 관심을 가지기 시작했고, 그중에는 미국의 큰 언론사인 뉴욕 타임스의 기자도 있었다.

수업 끝

공식적으로 학교가 문을 닫기 며칠 전, 아버지가 뉴욕 타임스에서 온 영상 기자 두 사람을 만나러 가는 길에 나도 따라갔다. 그들은 학교가 문을 닫는 마지막 날 하루 동안 카메라로 아버지를 따라다니며 촬영하고 싶다고 했다.

그 만남이 끝나 갈 무렵 한 기자가 내게 물었다.

"네가 고향과 학교로 돌아갈 수 없는 날이 온다면 넌 어떻게 하겠니?"

"그런 일은 일어나지 않아요."

나는 고집이 세기도 했지만 낙천적인 아이였다.

그는 만일, 혹시라도, 그렇게 되면 어떻게 할 것이냐고 거듭 물었고 나는 결국 울음을 터뜨리고 말았다. 아마 바로 그 순간 그들은 나를 중심으로 다큐멘터리를 찍어야겠다고 생각했던 것 같다.

내가 마지막으로 학교에 가던 날, 영상 기자 두 사람이 집으로 와서 그날 나의 하루를 처음부터 끝까지 촬영하겠다고 말했다. 아버지가 애초에 동의한 내용은 집은 제외하고 학교에서만 촬영하는 것이었기 때문에 그들의 생각을 바꾸어 보려고 애썼지만 결국 그들 계획에 따르기로 했다. 촬영이 시작되었다.

"그들은 나를 막을 수 없어요. 나는 내가 받아야 할 교육을 받을 것입니다."

나는 카메라를 향해 말했다.

"이것이 세상에 호소하는 우리의 바람입니다. 우리 학교를 구해 주세요. 우리 스와트를, 우리 파키스탄을 구해 주세요."

나는 알지 못했지만, 나의 호소가 많은 이들에게 다가가고 있었다. 아주 멀리 떨어진 세상 저편에 사는 사람들에게도, 바로 이곳 스와트에 사는 사람들에게도. 그리고 어쩌면 탈레반에게도.

그러고 나서 나는 친구들과 함께 교문으로 들어갔고, 카메라는 마치 장례식에라도 가는 듯한 우리의 모습을 다 기록했다. 우리의 꿈이 죽어 가고 있었다.

마지막 날 모두 학교에서 꼭 보자고 약속했었지만, 많은 학생들이 학교에 오지 않았다. 뒤늦게 한 아이가 교실 문을 들어서며 울음을 터뜨렸다. 그 아이의 아버지와 오빠들이 학교에 못 가게 했지만 그들이 외출하자마자 몰래 온 것이었다. 정말이지 이상한 세상이다. 학교를 가고 싶은 여학생은 기관총을 든 무장 세력뿐 아니라 자신의 가족에게까지 저항해야 하니 말이다.

선생님들은 마치 아무 일도 없는 듯 평소처럼 행동하려 애썼다. 겨울방학이 끝나면 다시 만날 것처럼 방학 숙제를 내주는 선생님도 있었다. 마침내 마지막 종이 울렸고, 마리암 선생님이 이번 학기가 끝났음을 알렸다. 그러나 다른 학기와는 달리 개학일을 발표하지 않았다. 친구들과 나는 운동장에 서서 서로를 안아 주었다. 너무 슬퍼서 떠날 수가 없었다. 우리는 생각을 모았다. 우리의 마지막 날을 최고의 날로 만들자고. 우리는 가능한 한 학교에 늦게까지 남았고, 그 몇 시간만이라도 탈레반이 존재하지 않는 것처럼 행동했다.

아버지는 내가 영어 공부를 계속하기를 바랐다. 그래서 기자한 사람이 내게 준 DVD를 집에서 보라고 권했다. 〈어글리 베티〉라는 텔레비전 드라마였다.

나는 베티가 좋았다. 이에 커다란 교정기를 끼고 마음도 커다란 소녀였다. 나는 베티와 친구들이 베일로 얼굴을 가리지도 않고 동행하는 남자도 없이 자유롭게 뉴욕 거리를 걷는 모습을 경이롭게 바라보았다. 내가 가장 좋아하는 부분은 베티의 아버지가 베티를 위해 음식을 만드는 장면이었다. 딸이 아버지를 위해서가 아니라 아버지가 딸을 위해서도 음식을 하는구나!

어글리 베티와 친구들이 자유롭게 뉴욕 거리를 활보하는 것을 보면 참 기분이 이상했다. 우리는 아무것도 할 수 없는 상태로 이렇게 집 안에 갇혀 지내는데.

그렇게 시간이 가는 동안에도 나는 굴 마카이라는 이름으로 인터넷에 계속 글을 올렸다.

모든 여학교들이 문을 닫은 지 나흘 후, 파즐울라의 부하들이 학교 다섯 곳을 또 파괴했다. 나는 글을 썼다.

'나는 몹시 놀랐다. 이 학교들은 이미 문을 닫은 곳이다. 그런데도 왜 그 학교들이 파괴되어야 하는가?'

그 암울하고 답답하던 시절, 탈레반과 정부의 비밀 회담이 있었다는 소문이 돌았다. 그러고 나서 불쑥 파즐울라가 여자초등학교 폐쇄령을 해제했다. 어린 여자아이들이 학교에 가는 것은 괜찮다고 했다. 하지만 열 살이 넘은 여자아이는 집에 있어야 한다고, 푸르다를 지켜야 한다고 고집했다.

나는 만 열한 살이었지만 그렇다고 학교에 가지 않을 내가 아니었다. 게다가 나는 누가 봐도 열 살로 보이는 외모였다.

마리암 선생님은 상급학교 여학생들에게 편지를 보냈다. 이 새로운 규칙을 거스르고 싶은 사람들이 있다면 기꺼이 학교 문을 열겠다는 내용이었다. 그래서 다음 날 나는 책을 숄 아래 숨긴 채 머리를 꼿꼿이 들고 집을 나섰다.

그런데 학교가 문을 닫은 한 달 동안 밍고라는 변해 있었다. 거리는 쥐 죽은 듯 조용했고, 가게들은 문을 닫았으며, 집들은 불이 꺼져 어두웠다. 주민의 3분의 1 이상이 도시를 떠났다.

친구들과 나는 첫날 학교로 가면서 좀 겁이 났지만 나름 계획이 있었다. 만일 탈레반이 우리를 막아서면 우리는 이렇게 말할 작정이었다.

"우리는 열 살이에요."

그날 아침 학교에 도착했을 때 마리암 선생님이 우리를 기다리며 서 있었고, 들어오는 여학생들 하나하나를 다 안아 주며 우리가 정말 용감한 소녀들이라고 말해 주었다. 물론 선생님 역시 용감한 사람이었다. 선생님도 엄청난 위험을 감수하며 그 자리에 선 것이었다.

"이 비밀 학교는 우리의 침묵의 시위다."

선생님이 말했다.

똑같은 소원

뉴욕 타임스의 다큐멘터리가 방송된 후, 전 세계에서 응원의 메시지를 보내왔다. 나는 언론의 힘이 얼마나 강력할 수 있는지 깨달았다. 우리는 처음으로 우리 이야기가 파키스탄 국경을 넘어 세상에 알려지고 있음을 피부로 느낄 수 있었다.

하지만 정부군과 탈레반은 싸움을 계속하고 있었다. 평화를 약속했던 시기도 있었지만 상황은 더욱 나빠졌다. 그리고 4월, 다시 한번 밍고라는 완전히 중간에 끼인 상황에 놓이게 되었다. 탈레반은 밍고라에서 수만 명 규모의 집회를 열었고 수도 이슬라마바드에 가까운 지역까지 세력을 넓혔다. 정부군은 반격을 계획하고 있었다. 이번에는 우리도 밍고라를 떠나 샹글라로 피난을 가야 한다고 어머니가 말했다.

나는 우리 집 옥상에 서서 앞산과 크리켓을 하던 골목길을 바라봤다. 다시는 고향에 오지 못할 경우를 생각해 하나하나 기억에 담았다. 그리고 아래로 내려가 가방에 짐을 꾸렸다. 모든 게 엉망이었다. 너무 서두르다 보니 내가 챙긴 샬와르 카미즈의 셔츠와 바지가 하나도 짝이 맞지 않았다.

아탈은 닭들을 데려갈 수 없다는 말을 듣고 울음을 터뜨렸다. 어머니가 내 책들을 놓고 가야 한다고 말했을 때 나도 거의 울음을 터뜨릴 뻔했다. 내가 정말 아끼는 책들이었다! 우리는 어쨌든 어린이들이었고, 전쟁이 다가오고 있어도 어린이들은 어린이다운 걱정을 할 수밖에 없는 법이다.

나는 내 책이 담긴 가방을 가장 안전하게 보이는 손님방에 숨기고 책을 보호해 달라고 코란 구절을 외웠다. 그러고 나서 가족이 다 같이 기도를 하며 사랑하는 우리 집을 신의 가호에 맡겼다.

우리는 이제 국내 난민이 될 참이었다. 국내 난민은 고향이 위험해져 어쩔 수 없이 집을 떠났지만 나라 밖으로 나가지는 않고 국내에 머무는 사람을 가리킨다. 국내 난민. 우리는 이제 파키스탄인이나 파슈툰족 대신 그렇게 불리게 되었다.

거리는 엄청나게 많은 차들이 몰려 혼잡했다. 탈것마다 사람들과 여행 가방, 쌀자루, 침낭 들이 가득 실려 있었다. 오토바이

한 대에 온 가족이 다 탄 경우도 있었고, 등에 옷 꾸러미만 짊어지고 거리를 달리는 사람들도 있었다. 어디로 가야 하는지 아는 사람은 드물었다. 그저 이곳을 떠나야 한다는 것만 알 뿐이었다. 200만 명이 고향을 등지고 있었다. 파슈툰 역사상 가장 큰 민족 대이동이었다.

평소라면 몇 시간이면 되었을 길을 가는 데 이틀이 걸렸다.

우리가 마침내 샹글라에 도착했을 때, 친척들은 우리를 보고 크게 놀랐다.

"왜 이리로 왔어?"

탈레반이 산간 지역을 떠난 지 얼마 되지 않았고 그들이 다시 돌아올 것이라는 소문이 있었기 때문이다.

국내 난민에게 안전한 곳은 없었다.

나는 마을의 학교에 등록했다. 사촌 숨불과 같은 학년이었다. 학교에 가니 숨불의 학년에 여학생이라고는 세 명뿐이었다. 샹글라의 여학생 대부분은 열 살이 되면 학교를 그만두었고, 학교에 다니는 소수의 여학생은 남학생과 같은 반에서 수업을 들었다.

나는 학교에서 눈에 띄었다. 다른 여학생들처럼 얼굴을 가리지도 않았고, 수업 중에 거리낌 없이 의견을 말하고 질문을 던졌기 때문이다. 우리 옛 학교가, 우리 집이, 내 책들이 얼마나 많이 그리웠던지. 심지어 〈어글리 베티〉도 그리웠다.

5월이 되자 밍고라에서 정부군이 탈레반과 나흘 동안 전투를 벌였다. 라디오에 귀 기울였지만 누가 이기고 있는지 판단하는 것은 불가능했다. 5월 말이 될 때까지 거리에서 전투가 이어졌다.

나는 우리가 크리켓을 하던 골목에서 싸우고 있는 정부군과 탈레반을 상상해 보았다.

마침내 정부군은 탈레반이 도주하고 있다고 발표했다. 우리는 안도의 숨을 쉬었지만 궁금해졌다. 그럼 탈레반은 물러나 어디로 가게 될까? 이 산간 지역으로 돌아오는 건 아닐까?

나는 열두 번째 생일을 맞았고, 우리는 여전히 집으로 돌아갈 날을 기다리고 있었다. 기분이 이상했다. 나는 하루 종일 생일 축하를 기다렸지만 그 혼란한 시기에 내 생일을 기억해 주는 사람은 아무도 없었다. 나는 섭섭해하지 않으려 애썼지만, 한 해 전 열한 살 생일이 얼마나 달랐는지 떠올리지 않을 수 없었다. 친구들과 케이크를 나누어 먹었고 예쁜 풍선도 있었다. 그리고 나는 스와트의 평화를 기원했었다.

나는 눈을 감고 열두 번째 생일에도 같은 소원을 빌었다.

국내 난민이란?

국내 난민은 살던 지역이 위험해져 안전을 찾아 떠날 수밖에 없었지만 국경을 넘어 다른 나라로 가지는 않은 사람들을 말한다. 오늘날 세계에서는 4000만 명 이상의 사람들이 폭력, 전쟁, 배고픔, 건강과 안전, 인권 등의 위협 때문에 고향을 떠났다.

국제 난민은 비슷한 이유로 고향을 떠났지만 안전을 찾아 다른 나라로 간 사람을 말한다. 세계에는 2250만 명의 국제 난민이 있다.* 현재 세계적으로 약 300만 명의 국제 난민들이 안전을 요구하며 망명을 신청하고 결과를 기다리는 중이다.

만약 모든 국내 난민과 국제 난민들이 하나의 국가를 건설한다면 지금 내가 있는 영국보다 큰 나라가 될 것이다.

*유엔 난민 고등 판무관 사무소의 통계 참조

이상한 평화

석 달 후 우리는 마침내 집으로 향했다. 우리가 차를 타고 산길을 내려갈 때 저 멀리 스와트 강이 보였고 아버지는 눈물을 흘리기 시작했다. 이내 처참하게 변한 밍고라의 광경이 펼쳐졌고 우리 모두 눈물을 흘렸다.

어디를 보아도 폐허가 된 건물의 잔해들, 불에 탄 자동차와 깨진 창문들뿐이었다. 부서진 가게 유리창 너머로 텅 빈 진열장들이 보였다. 건물이란 건물에는 전부 총탄 자국이 있었다.

군인들이 건물 옥상에서 우리를 내려다보고 있었다. 정부에서는 고향으로 돌아가도 안전하다고 말했지만, 우리 고향은 여전히 전쟁터처럼 느껴졌다.

버스 터미널은 평소라면 알록달록한 색깔의 버스들과 수백 명의 승객들로 북적여야 했지만 완전히 텅 비어 있었다. 깨져 버린 인도 포장 사이로 잡초들이 무성하게 자라 있었다.

그래도 탈레반은 보이지 않았다.

집집마다 텔레비전과 보석들을 도난당했다는 이야기를 들었고, 그래서 우리는 아버지가 대문을 여는 순간 숨을 죽였다. 마당에 잡초가 우거져 있었다. 나는 내 책들을 숨겼던 손님방으로 달려갔다. 책들은 무사히 그 자리에 잘 있었다. 나는 감사의 기도를 올린 후 책장을 넘겼다. 내가 이차방정식을 풀고 사회 필기를 한 공책이며 영어 문법책을 다시 보는 것이 얼마나 기뻤는지 모른다.

이 모든 일들을 다 겪고 나니 의사보다 정치가가 되는 것이 더 낫겠다는 생각이 들기 시작했다. 우리나라에는 너무나 많은 문제들이 있다. 어쩌면 언젠가 내가 그 문제들을 해결하는 데 도움이 될 수 있을지도 몰랐다.

스와트에 마침내 평화가 찾아왔다. 정부군이 여전히 주둔했지만 상점들은 다시 문을 열었고 여자들은 자유로이 시장통을 걸어 다녔다. 나는 우리 집 마당에 망고씨를 심었다. 그 씨가 자라 열매를 맺으려면 오랜 시간이 걸린다는 것을 알았지만, 밍고라의 평화가 오래 지속되기를 소망하는 나름의 의식이었다.

그즈음 나의 가장 큰 고민은 키였다. 열세 살이 되면서 나는 더 이상 자라지 않았다. 전에는 내가 우리 학년에서 가장 컸지만 이제는 작은 편에 속했다. 나는 연설을 할 기회가 많았는데 키가 너무 작아서 사람들의 주의를 끄는 일이 어렵다는 생각을 하곤 했다!

2010년 초, 우리 학교는 스와트 어린이 의회에 참가해 달라는 초대를 받았다. 스와트 지역 전체에서 60명의 학생들이 어린이 의원으로 뽑혔다. 우리 학교에서는 여학생 열한 명이 참가했지만 다른 학교에서 온 나머지는 대부분 남학생이었다. 그리고 대변인을 뽑는 선거에서 내가 선출되었다! 무대에 서서 대변인님 호칭을 듣는 건 어색했지만 나는 맡은 일들을 진지하게 해 나갔다.

어린이 의회는 1년 동안 거의 매달 열렸고 우리는 아홉 개의 결의안을 통과시켰다. 어린이에게 노동을 강요할 수 없다는 결의를 했으며, 장애 어린이와 노숙 어린이들의 교육, 탈레반에 의해 파괴된 모든 학교의 재건을 요구했다. 일단 통과된 결의안들은 담당 공무원에게 보냈고, 그중 일부는 실행에 옮겨진 것도 있다. 우리의 이야기가 전달되었고, 우리가 변화를 만들어 냈다. 참으로 기분 좋은 일이었다.

하지만 여전히 학교들이 파괴되고 있었다. 2011년까지도 탈레반은 학교를 파괴했고, 그들을 공개적으로 비판한 사람들을 협박했다.

비슷한 시기, 아버지 앞으로 익명의 편지 한 통이 왔다.

'우리를 비난하고 다니는 당신은 대가를 치르게 될 것이다.'

탈레반은 애초에 이곳을 떠나지 않았던 것 같다.

나는 이 끔찍한 편지가 공허한 협박일 뿐이라며 스스로 위로했다. 그래도 매일 아버지의 안전을 위해 기도했다. 우리 학교가 계속 문을 열기를 기도했고, 폭탄에 맞아 파괴된 학교들이 어서 다시 지어지길 기도했다. 또 내 키가 더 자랄 수 있게 해 달라는 기도도 잊지 않았다. 알라신에게 이렇게 말했다. 제가 어른이 되고 정치가가 되어 우리나라를 위해 일하게 되었을 때 적어도 연단 너머를 볼 수 있어야 하지 않을까요?

좋은 소식

 2011년 10월 어느 날 아버지가 이메일 한 통을 내게 보여 주었다. 나는 이메일 내용이 믿기지가 않았다. 내가 국제아동인권평화상 후보 다섯 명 중 한 사람으로 올랐다는 내용이었다. 곧이어 또 다른 이메일이 왔다. 파키스탄의 큰 도시인 라호르에서 열리는 교육 관련 행사에서 연설을 해 달라는 초대장이었다. 펀자브의 주지사가 새로운 장학 제도를 만들고 있는데, 놀랍게도 그 주지사가 여성교육운동을 격려하기 위해 나에게 상을 줄 예정이라 했다.
 나는 내가 가장 좋아하는 분홍색 샬와르 카미즈를 입고 행사에 참석했다. 나는 나와 내 친구들이 탈레반의 포고령에 저항하며 비밀리에 학교를 계속 다닌 이야기를 준비했다. 나는 청중들에게 말했다.

"스와트의 소녀들은 누구도 두려워하지 않았고, 지금도 두려워하지 않고 있습니다."

라호르에서 돌아온 지 채 일주일도 되지 않은 어느 날, 친구 한 명이 교실로 뛰어 들어오더니 파키스탄 정부가 제정한 파키스탄 청소년 평화상의 첫 수상자로 나를 결정했다는 소식을 알려 주었다. 나는 믿을 수가 없었다. 그날 너무나도 많은 기자들이 찾아와 학교가 완전히 시장통 같았다.

시상식이 있는 날까지 조금도 키가 자라지 않았지만 나는 그럼에도 당당하게 할 말을 하자고 마음을 먹었다. 총리가 내게 상을 수여했을 때 나는 요구 사항을 적은 목록을 총리에게 전했다. 파즐울라가 파괴한 학교들의 재건과 스와트 지역 여자대학교 건립도 거기에 포함되어 있었다.

그때 나는 정치가가 되겠다는 결심을 굳혔다. 정치가가 되면 다른 이들에게 도움을 청하는 것에 그치지 않고 내가 그 일을 직접 실행에 옮길 수 있을 것이다.

그 평화상은 해마다 새로운 수상자를 찾아 수여할 것이며 나의 활동을 기념해 '말랄라상'으로 이름 짓는다는 발표가 있었다. 그 순간 나는 아버지가 얼굴을 찌푸리는 것을 보았다. 우리나라

전통에서는 이미 고인이 된 사람이 아닌 살아 있는 사람의 이름으로 상을 만드는 경우가 없었기 때문이다. 아버지는 미신을 믿는 경향이 있었기 때문에 그것이 불길한 징조라고 생각했다.

내가 세계적으로 주목받기 시작했는지는 몰라도 동생들에겐 그저 똑같은 말랄라였다. 동생들은 여전히 나와 싸움을 했고 나를 놀렸으며 텔레비전 리모컨을 쟁탈하기 위해 씨름을 했다.

나는 내가 이렇게 여러 상을 받은 것을 내 친구들이 어떻게 받아들일지 궁금했다. 우리는 어쨌든 매우 경쟁적인 아이들이었으니까. 내가 학교 밖에서 바쁘게 지내는 동안 모니바에게 새로 절친한 친구가 생기지는 않았을까 염려도 되었다.

그러나 학교로 돌아간 첫날, 교실에 들어갔을 때 친구들이 모두 모여 케이크를 가운데 놓고 나를 기다리고 있었다. 친구들이 동시에 "놀랐지!" 하고 외쳤다. 친구들은 돈을 모아 케이크를 샀고, 케이크 위에는 초콜릿으로 '성공이여 영원하라!'라고 쓰여 있었다. 사랑하는 친구들이 원한 것은 나의 성공을 축하하는 일이었다.

나는 진심으로 우리 중 누구라도 내가 성취한 것을 이룰 수 있었으리라 생각한다. 우리 모두가 느꼈던 두려움에도 불구하고 나를 격려해 준 부모님의 존재가 나에게 행운으로 작용했을 뿐

이다.

"자, 이제 제자리로 돌아가 공부하자."

케이크를 다 먹고 나자 마리암 선생님이 말했다.

멈추지 않아

2012년 초, 아버지와 나는 파키스탄 기자 한 사람과 만나고 있었는데, 그 기자가 아버지에게 보여 주고 싶은 것이 있다고 말했다. 두 사람은 걱정스러운 얼굴로 컴퓨터 화면을 보더니 곧 닫아 버렸다. 기자의 눈에 눈물이 고여 있었다.

잠시 후 전화가 울렸고, 아버지는 전화기를 들고 밖으로 나갔다. 아버지가 다시 들어왔을 때는 몹시 창백해 보였다.

"무슨 일이에요? 저에게 얘기 안 한 것 있지요?"

아버지는 언제나 나를 어른처럼 동등하게 대했지만 이번만은 나와 이 이야기를 나눌 것인지 말 것인지 망설이는 것이 보였다. 아버지는 깊은 한숨을 내쉰 다음 컴퓨터 화면을 내게 보여 주었다.

아버지가 구글에 내 이름을 쳤다. 탈레반의 글이 있었다.

'말랄라 유사프자이는 죽어야 한다.'

그렇게 쓰여 있었다. 나를 죽이겠다는 협박이었다.

나는 2009년에 내가 얼마나 불안해했는지 떠올려 보았다. 학교가 다시 문을 열었을 때 숄 아래 책을 숨긴 채 학교를 오가야 했다. 하지만 그로부터 3년이 지난 지금 나는 세 살 더 성숙해졌고 많이 달라져 있었다. 나는 많은 곳을 여행하며 연설했고 이런저런 상도 받았다. 그리고 여기 내 죽음을 원하는 글이 있지만 나는 더할 수 없이 침착했다. 마치 내가 아닌 다른 사람에 대한 글을 읽고 있는 것만 같았다.

나는 다시 한번 화면에 뜬 메시지를 읽어 보았다. 그리고 다시는 그 글을 보지 않았다. 최악의 일이 일어났다. 내가 탈레반의 테러 목표가 되었다.

"괜찮니, 자니?"

그렇게 묻는 아버지 눈에 눈물이 그렁그렁했다.

"아바."

나는 파슈툰어로 아버지를 불렀다. 그리고 아버지를 안심시키려 애쓰며 말했다.

"사람은 누구나 언젠가 한 번은 죽잖아요. 죽지 않는 사람은 없어요. 탈레반에게 죽든, 암으로 죽든 결국은 죽게 되죠."

자존심 강한, 두려움을 모르는 우리 파슈툰 부족 아버지가 그렇게 흔들리는 모습을 보인 것은 그때가 처음이었다. 탈레반이 아버지를 노렸을 때 아버지는 늘 말하곤 했다. "날 죽일 테면 죽여 보라고 해라. 나는 내가 믿는 신념을 위해 죽을 것이다." 그러나 아버지는 탈레반이 열다섯 살 아이를 해치겠다고 말할 줄은, 나를 해치겠다고 할 줄은 전혀 상상하지 못했을 것이다.

아버지는 우리의 운동을 중단하자고 했다. 아버지 얼굴에 두려움이 어려 있었지만, 나는 내가 어떤 결정을 내리든 아버지가 그 결정을 존중해 주리라는 것을 알았다. 하지만 결정할 것도 없었다. 나는 어떤 강력한 힘이 내 안에 있음을 느꼈다. 나보다 훨씬 더 크고 더 강한 그 힘이 나를 두려움을 모르는 아이로 만들어 주었다. 이제 아버지가 내게 항상 주던 용기를 내가 아버지에게 주어야 할 차례였다.

"아바. 우리 목숨보다 더 위대한 무언가를 믿는다면, 설사 우리가 죽는다고 하더라도 우리의 목소리는 널리 퍼져 나갈 거라고 말하신 분이 바로 아버지예요. 이제 우리는 멈출 수가 없어요."

아버지가 고개를 끄덕였다. 그러면서 항상 조심해야 한다는 말을 덧붙였다.

집으로 돌아가는 길에 만일 탈레반이 나를 죽이러 온다면 내가 무엇을 할 수 있을지 생각해 보았다.

글쎄, 그냥 신발을 벗어서 한 대 때려 줄까.

그러다 나는 생각했다. 절대 다른 사람에게 고통을 주는 행동을 해서는 안 돼. 그래서는 탈레반과 다를 게 없어. 평화와 대화를 통해서만 싸워야 해.

나는 나 자신에게 말했다.

"말랄라. 그냥 그 사람에게 네 진심을 말해. 네가 원하는 건 교육이라고. 너 자신을 위한 교육. 모든 여성을 위한 교육. 그의 누이들, 그의 딸들을 위한 교육. 그를 위한 교육이라고."

진심을 말하는 것. 그것이 내가 할 행동이었다. 그러고 나서 나는 말할 것이다.

"이제 당신 마음대로 하세요."

봄이 되면서 교육운동의 작은 기적이 바로 우리 집에서 일어나고 있었다. 어머니가 글을 배우기 시작했다.

아버지와 내가 스와트 전역을 다니며 교육운동을 하는 동안 어머니는 쿠샬 학교의 선생님 한 사람과 공부를 시작했다. 어머니는 곧 파키스탄 공용어인 우르두어를 읽을 수 있게 되었고 영어도 배우기 시작했다.

어머니는 나보다도 더 공부를 좋아했다. 저녁이면 어머니와 나

는 차를 마시며 숙제를 함께 하곤 했다. 파슈툰 여자 두 세대가 행복하게 책 앞에 함께 앉은 것이다.

그해 여름 열다섯 살 생일은 내게 하나의 전환점처럼 느껴졌다. 우리 사회에서는 열네 살이면 이미 성인이 된다. 나 역시 성인 대접을 받고 있었지만, 내게는 미래에 대해 생각해야 할 시간이었다. 정치가가 되고 싶다는 생각에는 확신이 있었다. 하지만 내가 많은 상을 받는 것이 너무 과분한 것 아닌가 하는 생각이 들기 시작한 것이다. 아직도 너무나 많은 어린이들이 고통을 받고 있는데 내가 시상식이며 축하 행사를 즐겨도 좋은 걸까?

 나는 아버지에게 상금으로 받은 돈의 일부를 다른 사람을 돕는 데 쓰고 싶다고 말했다. 나는 쓰레기를 뒤지던 아이들을 결코 잊은 적이 없었다. 그런 아이들을 돕고 싶었다. 그래서 나는 스물한 명의 여학생과 함께 모임을 만들고 스와트의 모든 여학생들이 교육받을 수 있도록 도울 방법을 의논했다. 우선 거리의 아이들과 노동에 시달리는 아이들에게 초점을 맞추기로 했다. 우리는 이 주제에 관해 계속 이야기하기로 했고, 가을에는 구체적으로 우리가 할 일을 결정하기로 했다.

 8월 초, 아버지는 끔찍한 소식을 들었다. 아버지의 가까운 친구인 자히드 칸이 공격을 당했다. 아버지처럼 그도 탈레반 저항 운동을 하는 사람이었다. 탈레반이 물러났다고는 하지만 스와트에는 여전히 폭력이 존재했다. 평화를 호소하는 사람들이 가장 큰 위험에 처해 있었다.

 다행히 자히드 칸은 기적과도 같이 목숨을 건졌다. 하지만 이 일이 있은 후 아버지에게 달라진 점이 생겼다. 아버지는 학교로 들어가기 전 미행하는 사람은 없는지 거리 양쪽을 네댓 번씩 살폈고, 밤이면 내 방으로 오곤 했다. 잘 자라는 인사를 하러 왔다고 말했지만 실은 창문이 잘 잠겼는지 확인하는 것이 목적이었다.

"만일 탈레반이 나를 죽이고 싶었다면 2009년에 이미 죽였을 거예요. 그땐 그들 세상이었잖아요."

아버지는 고개를 저으며 말했다.

"어쨌든 네 안전을 생각해야 한다."

사실은 나도 누군가 담을 넘어 들어오지나 않을까 걱정이 됐다. 그래서 식구들이 모두 잠든 후 살금살금 밖으로 나가 대문이 잠겼는지 확인하곤 했다.

평범한 어느 날

10월 둘째 화요일은 다른 날과 똑같이 시작됐다. 나는 늘 그렇듯 늦잠을 잤다. 그 전날 학교에서 모니바와 수다를 많이 떨었기 때문에 평소보다 더 늦게까지 시험공부를 했다.

나는 허겁지겁 대문 밖으로 뛰어나가며 시험 걱정을 너무 많이 하지 말자고 생각했다. 대신 내가 가진 모든 것에 대해 감사하는 기도를 올리면서 이렇게 덧붙였다.

"신이시여, 제가 꼭 일등을 하게 해 주세요. 전 정말 열심히 공부했답니다."

시험이 끝났고, 나는 모니바와 얘기를 하다가 동생 아탈을 찾느라 주변을 둘러보았다. 그날 아탈은 나와 같은 버스를 타기로 했었다. 그러다 우리 버스 기사인 바이 잔이 마술을 보여 주었고 나는 아이들과 함께 마술 구경에 정신이 팔려 아탈과 함께 오라는 어머니 말을 까맣게 잊은 채 버스에 탔다.

우리는 버스 안에서 평소대로 앉았다. 모니바는 내 옆에 앉았고 나머지 친구들은 건너편 긴 의자에 앉았다. 히나라는 이름의 어린 소녀가 평소에는 내 친구 샤지아가 앉곤 하던 내 다른 쪽 옆자리에 앉았고, 그러면서 샤지아를 긴 의자 가운데로, 우리가 가방을 올려 두곤 하던 자리로 밀었다. 샤지아가 기분이 나빠 보여 나는 히나에게 자리를 바꾸어 달라고 부탁했다.

버스가 막 출발하려 할 때 아탈이 뛰어왔다. 버스 문이 닫혔지만 아탈은 버스 뒤 꼬리판 위로 뛰어올랐다. 이것은 아탈의 새로운 장난으로 버스 꼬리판에 매달린 채 집까지 가려는 것이다.

"안에 타라, 아탈."

버스 기사가 말했다. 하지만 아탈은 꿈쩍도 하지 않았다.

"누나들과 안에 타, 아탈 칸 유사프자이. 그러지 않으면 안 데리고 간다!"

기사가 이번에는 더 엄격하게 말했다.

"여자애들이랑 같이 앉느니 차라리 그냥 걸어갈 거야!"

아탈이 발끈 화를 내며 소리를 지르고는 꼬리판에서 뛰어내린 뒤 달려가 버렸다.

버스 안은 덥고 끈끈했다. 밍고라의 혼잡한 거리를 달리고 있을 때 한 아이가 심심한지 노래를 부르기 시작했다. 후덥지근한 공기에는 경유 냄새와 빵, 케밥 같은 낯익은 냄새와 사람들이 쓰레기를 버리는 인근 개천의 악취가 배어 있었다. 우리는 평소처럼 국군 검문소에서 큰길을 벗어났고 '테러리스트 수배' 포스터를 지나갔다.

리틀자이언트 과자 공장을 막 지났을 때 이상하게도 주변이 아주 조용해졌고 버스가 속도를 줄이다가 멈춰 섰다. 나는 젊은 남자 두 사람이 우리 차를 막아 세운 일도, 그중 한 사람이 버스 기사에게 이 버스가 쿠샬 학교 버스인지 물어본 일도 기억하지 못한다. 또 다른 남자가 버스의 꼬리판으로 뛰어올라 우리가 앉아 있는 안쪽으로 몸을 기울인 일도 기억하지 못한다. 나는 그가 던진 질문도 듣지 못했다.

"말랄라가 누구냐?"

그리고 나는 탕, 탕, 탕, 세 발의 총소리도 듣지 못했다.

마지막으로 기억하는 것은 내가 다음 날 치를 시험 생각을 했다는 것이다. 그다음은 어둠뿐이었다.

4부

기적의 나날

초록 곰 인형

10월 16일 내가 깨어났을 때, 많은 사람들이 둘러서서 나를 바라보고 있었다. 모두 눈이 네 개, 코가 두 개, 입이 두 개인 것처럼 보였다. 눈을 깜박여 보았지만 소용이 없었다. 모든 것이 겹쳐 보였다.

내가 어디에 있는 건지 알 수 없었다. 다들 영어로 말을 하고 있었고, 나도 영어를 할 줄 알았기에 말을 해 보려 했지만 아무 소리도 나오지 않았다. 가느다란 관 같은 것이 내 목에 꽂혀 있었다.

나는 높은 침대 위에 누워 있었고, 삐삐, 윙윙, 낮은 소리를 내는 복잡한 기계들에 둘러싸여 있었다. 그제야 나는 알 수 있었다. 아, 여긴 병원이구나.

덜컥 겁이 나며 가슴이 조여 왔다. 우리 부모님은 어디 있는 걸까? 부모님도 다친 걸까? 내게 무슨 일인가 일어났다는 것은 알 수 있었다. 그런데 나는 어째서인지 아버지에게도 무슨 일이 생겼다고 확신했다.

머리에 스카프를 쓴 마음 좋아 보이는 여자 한 사람이 내게 와 우르두어로 기도하기 시작했다. 나는 마음을 달래 주는 아름다운 코란의 구절에 귀를 기울이며 눈을 감았고 다시 잠에 빠져들었다.

다시 눈을 떴을 때 나는 초록색 방에 있었다. 창문은 없었지만 아주 환하고 밝은 방이었다. 옆에 있던 의사가 내게 우르두어로 말했다. 의사의 목소리는 어째서인지 먹먹하게 들렸지만, 내가 안전하며 그 의사가 나를 파키스탄에서 데리고 왔다는 말은 이해할 수 있었다. 나는 말을 하려 했지만 할 수 없었다. 간호사가 종이와 펜을 가지고 왔지만 나는 제대로 글자를 쓸 수가 없었다. 그러자 이번에는 간호사가 종이에 알파벳을 나열해서 썼고 나는 손으로 그것을 하나씩 가리켰다.

내가 만든 첫 번째 단어는 '아버지'였고, 그다음은 '나라'였다. 우리 아버지는 어디 있어요? 알고 싶어요. 그리고 여기는 어느 나라인가요?

의사의 목소리는 여전히 알아듣기 힘들었지만 내가 버밍엄이라는 곳에 있다고 말하는 것 같았다. 나는 버밍엄이 어디인지 알지 못했다. 나중에야 영국이라는 것을 알게 되었다.

의사는 왜 아버지에 대해 아무 말도 하지 않을까? 나는 간신히 조금 움직여 다시 한번 손가락으로 '아버지'라는 단어를 만들었다. 그러자 심한 고통이 내 머리를 꿰뚫었다. 마치 수백 개의 면도날이 내 머리 안에서 서로 부딪히며 쟁그랑거리는 것만 같았다. 나는 숨을 쉬려 애썼다. 간호사가 내 왼쪽 귀를 닦았고 거즈에 피가 묻어 나왔다. 왜 귀에서 피가 나오는 걸까? 도대체 내게 무슨 일이 일어났던 걸까?

간호사와 의사들이 들어오고 나가고 했다. 그들은 내게 질문을 던졌고, 나는 대답으로 고개를 끄덕이거나 저었다. 그들은 내가 내 이름을 알고 있는지 물었다. 나는 고개를 끄덕였다. 왼손을 움직일 수 있냐고 물었다. 나는 고개를 저었다. 그들은 내게 많은 것을 물었지만 내 질문에는 답을 해 주지 않았다.

여자 한 사람이 병실로 들어와 피오나 레이놀즈 박사라고 자신을 소개했다. 그녀는 마치 우리가 오랜 친구 사이인 것처럼 말을 걸었다. 그녀는 내게 초록색 곰 인형(그 와중에도 나는 초록은 곰 인형에게 어울리지 않는 색이라고 생각했다)과 분홍색 공책 한 권을 건넸다. 내가 쓴 첫 단어는 '고맙습니다.'였다.

그다음 나는 이렇게 썼다.

'우리 아버지는 어디에 있나요?'

그리고 병실 안의 복잡한 의료기기들을 둘러보며 이렇게 썼다.

'우리 아버지는 돈이 없어요. 병원비는 어떻게 하죠?'

"네 아버지는 안전하단다. 파키스탄에 계셔. 그리고 병원비 걱정은 하지 않아도 돼."

아버지가 안전하다면 왜 여기 없는 걸까? 어머니는 어디 있는 걸까?

적절한 단어들이 머리에 떠오르지 않았다. 피오나 박사는 그런 나를 이해하는 것 같았다.

"네게 나쁜 일이 일어났었지만 지금은 다 괜찮단다."

도대체 무슨 일이 있었던 걸까? 기억하려 애를 써 보았으나, 병원에서 지낸 처음 며칠 동안은 꿈을 꾸듯 온갖 이미지들이 머릿속에서 떠다닐 뿐 무엇이 진짜이고 무엇이 꿈인지 알 수 없었다.

침대에, 혹은 들것에 누워 있는 나를 둘러싼 사람들이 보인다. 아버지는 보이지 않는다. 나는 큰 소리로 말하려 애를 쓴다. 아바 어디 있어요? 우리 아버지 어디 있어요? 하지만 나는 말을 할 수가 없다. 그러다 아버지가 보이고 나는 기뻐하며 안도한다. 누

기적의 나날

워 있는 나에게 아버지가 손을 내민다.

나는 잠에서 깨려 애쓴다. 어서 학교에 가야 한다. 하지만 일어날 수가 없다. 학교와 친구들이 보이지만 나는 그들에게 다가갈 수 없다.

이런 이미지들은 너무나도 사실처럼 느껴졌지만 나는 그 모두가 다 사실일 수 없음을 안다. 나는 온갖 기계로 가득한 방에 있으며 내 곁에는 초록색 곰 인형뿐이다.

내가 총에 맞았다는 생각은 했지만 확신할 수는 없었다. 꿈이었을까, 아니면 진짜 내 기억일까?

단어도 제대로 기억나지 않았다. 내가 간호사에게 준 메모 중에는 치실이 필요한데 '내 이에 철사를 해 주세요.'라고 쓴 것도 있었다.

그러다 나는 내 초록 곰 인형이 사라진 것을 알아차렸다. 대신 그 자리에 하얀색 곰 인형이 있었다. 첫날부터 내 곁을 지키고 있었던 그 초록 곰 인형이 내게 의지가 되었었다. 나는 공책에 썼다.

'초록 곰 인형은 어디에 있나요?'

생각지 못한 대답이 돌아왔다. 그 하얀 곰 인형은 피오나 박사가 나에게 선물한 것이며 첫날부터 줄곧 내 곁에 있었다고 한다. 불빛과 초록색 벽이 곰 인형에게 초록색을 반사시켰는지도 모르겠지만 처음부터 곰 인형은 하얀색이었다는 것이다.

한편 병실의 환한 불빛은 마치 뜨거운 칼처럼 내 눈을 찔러 댔다. '제발 불을 꺼 주세요.' 나는 공책에 써서 부탁했다.

간호사들은 방을 최대한 어둡게 해 주었고, 통증에서 벗어난 나는 곧 계속 같은 질문으로 되돌아갔다. 우리 아버지는 어디에 있어요?

매일 다른 의사나 간호사가 내 방에 들어올 때마다 나는 공책을 건네며 아버지에 대한 질문을 손으로 가리켰다. 그들은 모두 걱정하지 말라는 말만 할 뿐이었다.

그러나 나는 걱정하지 않을 수 없었다. 걱정을 멈출 수가 없었다.

의사와 간호사가 이야기를 나누고 있는 모습을 볼 때마다 나는 그들이 이런 대화를 하고 있다고 확신했다. "말랄라는 돈이 하나도 없어. 말랄라는 치료비를 낼 수가 없어." 그중에 특히 표정이 어두운 의사가 한 사람 있었다. 나는 그 의사에게 메모를 썼다.

'왜 그렇게 우울하세요?'

내 병원비 때문에 그 의사가 우울해한다고 생각했던 것이다. 의사가 대답했다.

"난 우울하지 않단다."

'병원비는 누가 내나요? 우리 집은 돈이 없거든요.'

기적의 나날   107

"걱정하지 않아도 된다."

그 후로 그 의사는 늘 미소 띤 얼굴로 나를 대했다.

피오나 박사가 들어와 신문 기사 하나를 건넸다. 기사에 우리 아버지가 파키스탄 육군 참모총장 옆에 나란히 서 있는 사진이 있었다. 아버지는 살아 있었다! 그리고 사진 속 두 사람 뒤에 아탈도 있었다! 그러다 사진 뒤편 동생 가까이 앉아 있는, 숄을 쓴 사람에게 눈길이 갔다. 나는 그 발을 알아볼 수 있었다. 어머니의 발이었다!

'우리 어머니예요!'

피오나 박사에게 글로 말했다.

그날 밤 나는 좀 더 깊은 잠을 잘 수 있었다. 여전히 무서운 꿈도 꾸긴 했지만 말이다. 잠에서 깰 때마다 나는 초록 곰 인형을 찾았지만 거기 있는 것은 늘 하얀 곰 인형이었다.

이제 가족 모두 무사하다는 것을 알게 된 나는 남는 시간을 치료비를 어떻게 낼지 걱정하며 보내기 시작했다. 아버지가 집에 남은 이유는 병원비 때문에 많지도 않은 재산을 팔기 위해서일까? 친구들에게 돈을 빌려 달라고 부탁하고 있는 걸까?

신문 기사에서 가족사진을 본 날 오후, 내게 우르두어로 말을 했던 의사 자비드 카야니 박사가 그의 휴대전화를 가지고 들어

왔다.

"네 부모님에게 전화를 하자꾸나."

나는 믿을 수가 없었다.

"울지 말아야 한다."

그가 단호하면서도 친절한 어조로 말했다.

"강해져야 한다. 그러지 않으면 가족들이 몹시 걱정을 할 거야."

나는 고개를 끄덕였다. 나는 이곳에 도착한 이후로 단 한 번도 울지 않았다. 왼쪽 눈에서 끊임없이 눈물이 흐르긴 했지만 절대 울지는 않았다.

몇 번 신호음이 들린 후 친숙하고 다정한 아버지의 목소리가 들렸다.

"자니."

아버지가 말했다.

"잘 있니? 나의 자니."

나는 목에 관을 꽂고 있어 대답을 할 수 없었다. 그리고 얼굴의 감각이 둔했기 때문에 미소도 지을 수 없었다. 하지만 나는 마음으로 미소를 짓고 있었고, 아버지도 그 미소를 느낀다는 것을 알 수 있었다.

"내가 곧 가마."

아버지가 말했다.

"이제 그만 쉬어라. 이틀 후면 도착할 거다."

아버지의 목소리는 크고 밝았다. 어쩌면 너무 밝았다.

그제야 나는 깨달았다. 아버지 역시 울지 말라는 말을 들었던 것이다.

나는 살아 있어

나는 분홍색 공책에 새 메모를 썼다. '거울.'

간호사가 작은 거울을 가져왔고, 나는 거울에 비친 내 모습을 보고 깜짝 놀랐다. 머리의 절반이 면도가 된 상태였다. 긴 머리카락이 사라지고 없었다. 왼쪽 눈썹에는 꿰맨 자국들이 있었다. 왼쪽 눈가에 아주 커다란 시퍼렇고 누런 멍이 있었다. 내 얼굴은 통통 부어 거의 멜론만 한 크기였다. 게다가 왼쪽 입가가 아래로 축 처져 있었다.

이 일그러진 얼굴의 불쌍한 말랄라는 도대체 누구인가? 도대체 말랄라에게 무슨 일이 일어난 건가?

'지금 내 머리카락 적네요.'

내가 만들 수 있는 문장은 고작 그 정도였다.

탈레반이 내 머리를 밀어 버린 걸까? 나는 생각했다.

'어떻게 이런 일 내게?'

나는 그렇게 썼다. 단어들이 뒤죽박죽이었다. 내게 어떤 일이 있었던 건가요? 원래는 그렇게 묻고 싶었다.

피오나 박사는 늘 하던 말을 했다.

"안 좋은 일이 있었지만 이제 넌 안전하단다."

그러나 이번엔 그 말만으로는 충분하지 않았다.

'내가 총에 맞았나요?'

하고 싶은 말들을 다 쓸 수 있을 만큼 연필을 빨리 움직일 수가 없었다. 나는 또 묻고 싶었다. 다른 사람은 다치지 않았는지? 폭탄이 터졌던 것인지?

나는 답답해서 몸을 뒤척이기 시작했다. 피오나 박사 허리띠에 달린 휴대전화가 보였고, 나는 그 전화기를 사용하고 싶다는 몸짓을 했다. 손바닥에 전화번호를 누르는 시늉을 한 후 귀에 대었다.

피오나 박사가 부드럽게 내 손목을 잡았다. 그러고 나서 천천히, 차분하게 이야기를 시작했다.

"너는 총에 맞았단다. 버스에서. 학교에서 집으로 돌아가는 길이었지."

그럼 그들이 한 짓이군, 나는 생각했다. 탈레반이 하겠다고 했던 일을 정말로 실행한 것이다. 나는 분노했다. 그들이 나를 쐈기 때문이 아니었다. 그들이 나에게 말할 틈을 주지 않았다는 것 때문이다. 이제 그들은 내가 해야 했던 말을 들을 수 없게 되어 버렸다.

"다른 여학생 두 명도 다쳤고."

피오나 박사가 말했다.

"하지만 그 아이들은 둘 다 괜찮단다. 샤지아와 카이나트야."

나는 그 이름들이 기억나지 않았다. 아니, 이름은 알았지만 얼굴이 기억나지 않았다.

피오나 박사는 총알이 내 왼쪽 눈 옆 관자놀이를 뚫고 들어가 45센티미터 가량을 이동한 후 왼쪽 어깨 아래에 박혔다고 말했다. 하마터면 그 총알은 내 눈을 잃게 할 수도 있었고 뇌를 다치게 할 수도 있었다고 말했다.

"네가 살아 있는 것은 기적이란다."

뭔가 말을 하려 했지만 내가 말을 할 수 없다는 것이 떠올랐다. 그래서 나는 다시 거울을 들여다보았다.

내가 외모에 꽤 신경을 쓰던 아이라는 것을 인정한다. 내 코는 너무 컸고, 피부도 너무 검었다. 심지어 발가락도 너무 길었다.

그런데 나는 거울에 비친 이 말랄라를 그저 호기심으로 바라보고 있었다. 마치 표본을 살펴보는 과학자처럼. 나는 정확하게 어디에 총알을 맞았던 건지, 그 총알이 어떤 상처를 입힌 건지 이해하고 싶었다. 내 모습을 보며 슬픔을 느끼지는 않았다. 무섭지도 않았다. 그저 생각했다.

'내가 어떤 모습이든 그건 중요하지 않아. 나는 살아 있잖아.'

피오나 박사가 내 앞에 휴지 상자를 놓아둔 것이 보였다. 내가 울 거라고 생각했던 것 같다. 예전의 말랄라였다면 울었을지도 모른다. 하지만 거울에 비친 이상한 얼굴은 내가 아직 이 세상에 살아 있다는 증거일 뿐이었다. 나는 더 많은 사실을 알고 싶었다. 총알이 뇌를 뚫고 지나갔나? 그래서 제대로 들리지 않는 건가? 왜 왼쪽 눈이 감기지 않는 건가?

피오나 박사에게 참 많은 질문들을 하고 싶었지만 나는 한 가지만을 물었다.

'언제 집에 갈 수 있나요?'

가족이 오기를 기다리면서 병실의 시계만 뚫어져라 바라봤다. 시곗바늘이 돌아가는 것을 보며 내가 정말로 살아 있구나 느낄 수 있었고, 우리 가족이 도착하기까지 일 분, 일 분 줄어 가는 것도 볼 수 있었다.

집에서는 시계가 늘 나의 적이었다. 그저 이불 밑으로 숨어들고 싶은 내게서 아침마다 잠을 빼앗아 가곤 했으니까. 내가 마침내 시계와 친구가 되었다는 이야기를 어서 가족들에게 하고 싶었다. 게다가 요즘 나는 내 평생 처음으로 일찍 일어나고 있었다! 아침이면 나는 일곱 시를 기다렸다. 일곱 시가 되면 어린이병원 간호사들이 내 병실로 와서 친구가 되어 주었기 때문이다.

눈이 어느 정도 보이게 되었을 때 간호사들이 DVD 플레이어와 DVD들을 가지고 왔다.

그전에도 텔레비전을 틀어 준 적이 있지만 눈앞이 너무 흐릿해서 곧 꺼 달라고 부탁했었다. 아직도 조금 겹쳐 보이지만 시력이 많이 좋아졌다. 〈슈팅 라이크 베컴〉, 〈하이스쿨 뮤지컬〉, 〈해나 몬태나〉, 〈슈렉〉 등의 DVD가 있었는데, 나는 〈슈렉〉을 골랐다. 정말 재미있어서 연이어 2편까지 다 보았다. 간호사 한 사람이 내 다친 왼쪽 눈에 면으로 된 가리개를 덮어 주어서 겹쳐 보이는 현상이 덜했다. 나는 초록색 거인과 말하는 당나귀와 함께 시간을 보내며 부모님이 영국에 도착할 날을 기다렸다.

며칠 후 목에 있던 가는 관을 제거했고 나는 목소리를 되찾았다. 나는 피오나 박사에게 궁금한 것들을 묻기 시작했다. 다시 학교로 돌아가 생물 시간이 된 기분이었다.

파키스탄에서 피오나 박사와 자비드 박사는 우리 부모님에게 나를 더 좋은 병원으로 옮기지 않으면 살지 못할 거라고 했다고 한다. 부모님은 나를 옮겨도 좋다고 동의했다. 두 의사는 마침 다른 일로 파키스탄에 와 있다가 나를 도와주게 되었고, 그 후 거의 2주 가까이 내 곁을 지켜 주었다. 나를 아주 오랫동안 알아 왔던 사람처럼 대해 준 이유를 알 것 같았다.

나는 마지막으로 질문 하나를 더 했다.

"내가 얼마나 오래 혼수상태로 있었어요?"

"일주일."

피오나 박사가 대답했다.

나는 내 인생의 일주일을 잃었다. 그동안 나는 총에 맞았고, 수술을 했고, 비행기에 실려 지구 반대편으로 왔다. 내가 생전 처음으로 파키스탄을 떠난 것이 내 생명을 구하기 위한 여행이었던 것이다.

세상은 계속 돌아가고 있었지만 나는 전혀 알지 못했다. 내가 놓치고 지나간 것이 또 뭐가 있는지 궁금했다.

빈칸 채우기

 아버지는 전화 통화에서 이틀 후면 내게로 올 것이라고 말했다. 하지만 그 이틀에 이틀이 더 지났다. 자비드 박사가 다시 파키스탄으로 전화를 걸어 주었다. 아버지가 가족 모두 곧 도착할 것이라고 약속했다. 하루만 더 기다리라고.
 나는 가족들이 진짜로 오고 있다는 걸 믿기 힘들었지만, 마침내 다음 날 자비드 박사가 가족들에게 앉아서 인사하라며 침대를 세워 주었다. 집을 달려 나와 학교로 향했던 그날로부터 16일 만이었다.
 그동안 나는 단 한 번도 울지 않았다. 간호사들이 머리에서 철심을 뽑았을 때도, 피부에 주삿바늘을 꽂았을 때도, 불빛이 단

검처럼 눈을 찔렀을 때도 나는 울지 않았다. 하지만 드디어 문이 열리고 낯익은 목소리가 자니, 피쇼, 하고 부르자, 가족들이 내게 달려와서는 조심스러워 나를 안지도 못하고 내 손에 입을 맞추며 눈물을 흘리자, 결국 나는 울음을 터뜨리고 말았다. 나는 울고, 울고, 또 울고, 한참을 울었다. 아, 참 많이도 울었다.

그리고 생전 처음으로 말썽꾸러기 동생들이 엄청나게 반가웠다.

비로소 우리 가족은 우리 생에서 가장 무서웠던 열엿새를 보내고 다시 한자리에 모였다.

부모님은 걱정을 감추려 애썼지만 나는 부모님 눈빛을 읽을 수 있었다. 걱정하는 것도 무리가 아니었다. 나는 거울을 보았기 때문에 내 얼굴 절반이 제대로 움직이지 않는다는 것과 머리카락 절반이 없다는 것을 알고 있었다. 내가 아탈에게 말을 걸었을 때 아탈의 놀란 표정을 보고서야 내 말이 아주 이상하게 들렸음을 알아차릴 수 있었다. 마치 세 살짜리 아기처럼 간단한 문장만 말하고 있었던 것이다.

"걱정하지 말아요. 예전의 말랄라가 여전히 이 안에 있답니다."

나는 그렇게 말하고 싶었다.

가족들을 안심시키려 미소를 지어 보였지만 어머니 얼굴의 그늘이 더 짙어졌다. 나는 내가 활짝 웃는다고 생각했지만 부모님이 본 것은 어색하게 일그러진 얼굴이었다.

"이제 모든 게 다 괜찮다. 우리 모두 여기 함께 있잖니."
내게 무슨 일이 있었던 건지 물을 때면 아버지는 늘 그렇게 대답했다. 그리고 화제를 돌렸고 나는 더 이상 묻지 않았다.
어느 날 둘만 있게 되었을 때 아버지가 내 손을 잡았다.
"자니, 그들은 나를 죽이겠다고 수도 없이 협박했었다. 네가 내 총탄을 대신 맞은 거야……. 내가 맞았어야 할 총탄인데……."
아버지 눈에 눈물이 가득했다.
"살다 보면 기쁜 일도 있고 고통스러운 일도 있기 마련이다. 넌 모든 고통을 한꺼번에 겪었으니 나머지 인생은 기쁜 일로만 가득할 게다."
아버지는 더 이상 말을 잇지 못했다. 난 고통스럽지 않다고, 아버지도 고통스러워하지 않았으면 좋겠다는 말을 하고 싶었다. 하지만 나는 일그러진 입으로 미소를 지으며 단지 "아바."라는 말 한마디만 했다. 나는 뇌를 다쳐 세상에서 누구보다 사랑하는 사람에게 전하고 싶은 마음을 담아낼 몇 마디 단어를 찾지 못했다.
하지만 아버지는 이해했다. 아버지는 눈물이 그렁그렁한 눈으로 미소를 지어 주었다.

어머니가 나를 부축해 화장실로 가다가 거울에 비친 내 모습을 조심스럽게 보았다. 우리는 거울 속에서 잠시 눈이 마주쳤고, 어머니가 먼저 시선을 돌렸다.

그리고 낮은 목소리가 들렸다.

"네 얼굴, 괜찮아질까?"

나는 의사에게 들은 이야기를 어머니에게 들려주었다. 앞으로 수술과 물리치료를 받을 것이고, 얼굴도 차츰 나아질 거라고. 하지만 결코 예전과 같아지진 않을 거라고.

어머니가 나를 다시 침대로 데려다줄 때 나는 부모님을 보며 말했다.

"이것도 내 얼굴이에요. 그래서 나는 받아들이고 있어요."

그리고 나는 부드럽게 말을 이었다.

"그러니 이제 어머니 아버지도 받아들이세요."

나는 그동안 시간을 두고 서서히 내 얼굴에 익숙해졌지만 부모님에겐 충격이었을 것이다. 죽음의 문턱까지 다녀오면 생각이 바뀌기 마련이다. 눈을 깜박일 수 없어도, 미소를 지을 수 없어도, 그건 중요하지 않았다. 나는 여전히 나, 말랄라였다.

내 회복은 신이 내린 축복이었고, 나를 아끼고 나를 위해 기도해 준 모든 사람의 선물이었다. 나는 마음이 평온했다. 하지만 내가 버밍엄에서 치료를 받으며 슈렉과 말하는 당나귀를 보고 있는 동안, 우리 불쌍한 부모님은 수천 킬로미터 떨어진 곳에서 그들만의 끔찍한 시련을 감내해야만 했었다.

하지만 다시 모인 그날부터 우린 함께 치유를 시작했다.

부모님은 내가 총에 맞았던 날로부터 우리가 다시 만난 날 사이에 무슨 일이 있었는지, 기억의 빈 곳을 며칠에 걸쳐 찬찬히 채워 주었다.

내가 들은 이야기는 다음과 같다.

버스 기사 바이 잔은 곧 무슨 일이 일어났는지 깨달았고, 급히 버스를 스와트 중앙병원으로 몰았다. 버스 안의 아이들이 비명을 지르며 울었다. 나는 모니바의 무릎 위에 쓰러진 채 피를 흘리고 있었다.

아버지는 그때 사립학교 연합 회의에 참석해서 연설을 하고 있다가 내 소식을 듣고 황급히 병원으로 향했다. 아버지가 병원에 도착했을 때 나는 머리에 붕대를 감은 모습으로 눈을 감은 채 들것에 누워 있었다고 한다.

"내 딸아, 너는 용감한 내 딸, 아름다운 내 딸이다."

아버지는 마치 그 말이 내 의식을 깨우기라도 할 것처럼 되풀이해서 하고 또 했다. 나는 비록 의식이 없었지만 어떤 식으로든 그때 아버지가 곁에 있다는 것을 느꼈던 것 같다.

처음에 의사는 아버지에게 총알이 뇌 가까이 가지 않았고, 따라서 심각한 부상은 아니라고 말했다. 곧 정부군이 나를 맡았고 오후 세 시경 나는 구급차를 타고 헬리콥터 이륙장으로 갔다. 그곳에서 헬리콥터를 타고 페샤와르의 큰 병원으로 옮겨질 예정이었다. 어머니를 기다릴 시간이 없었기 때문에 아버지 뒤를 이어 병원에 도착한 마리암 선생님이 대신 함께 탔다. 내게 여자의 도움이 필요할 경우를 대비해서였다.

"울지들 말아요."

어머니는 눈물을 흘리는 이웃 사람들에게 말했다.

"기도를 해 줘요."

헬리콥터가 우리 집 위를 지나갔고, 그 소리에 어머니는 급히 옥상으로 올라갔다. 어머니는 머리 위로 지나가는 헬리콥터를 향해 숄을 벗어 마치 하늘에 제물을 바치듯 두 손으로 높이 들어올렸다. 숄을 벗는 것은 파슈툰 여성에게는 매우 보기 드문 행동이었다.

"신이시여, 이 아이를 당신에게 맡기겠나이다."

파키스탄의 텔레비전에서 나의 무사함을 바라는 기도와 시와 함께 내 모습을 화면에 내보내기 시작했다. 불쌍한 아탈은 학교에서 돌아와 텔레비전을 보다가 내가 총에 맞은 것을 알게 되었다. 그리고 자신이 꼬리판에 올라타겠다고 떼를 쓰지 않았더라면 자신도 그 버스 안에 있었을 것임을 깨달았다.

내가 페샤와르에 있는 동안 한 의사가 내 부상이 상당히 심각하다는 것을 발견했다. 그 의사가 수술을 했고, 영국인 의사 두 사람, 피오나 박사와 자비드 박사가 이후의 치료를 맡았다.

피오나 박사는 자비드 박사가 일하는 영국 버밍엄의 퀸엘리자베스 병원에서 더 나은 치료를 받자고 말했다. 그리고 신속히 나를 옮길 것을 권했다. 우리 가족은 나와 함께 떠날 수 있는 상황이 아니었다. 자비드 박사가 나를 잘 돌보겠다고 아버지를 안심시켰다.

"말랄라가 총에 맞았을 때 박사님들 모두 여기 있었다는 것이 기적 아니겠습니까?"

아버지가 말했다.

"신은 해결책을 먼저 보낸 후 나중에 문제를 보낸다는 것이 제 믿음입니다."

자비드 박사가 말했다.

내가 전혀 알지 못하고 지나간 사실이 너무나 많았다! 부모님이 그동안 일어났던 일들을 들려주며 전 세계가 내 사고를 알고 있다고 말했을 때, 나는 옛날이야기를 듣는 것만 같았다. 이 모든 일들이 내가 아닌 다른 소녀에게 일어난 것처럼 느껴졌다.

내가 총에 맞은 일에 대해 전혀 기억하지 못하기 때문일지도 모른다. 아무것도 기억이 나지 않았다.

의사와 간호사들은 내가 왜 기억을 못 하는지에 대해 복잡한 설명들을 해 주었다. 우리 뇌는 떠올리기 너무 괴로운 기억으로부터 우리를 보호한다고 했다. 또는, 총을 맞는 순간 내 뇌가 정지되었기 때문이라고도 했다. 나는 과학을 좋아하지만, 내가 왜 그 총격을 기억하지 못하는지 알기 위해 굳이 과학의 힘을 빌릴 필요는 없다.

나는 이미 답을 알고 있다. 신께서 내게 친절하시기 때문이다.

내가 그렇게 말하면 사람들은 이해하지 못한다. 죽음의 문턱까지 가 보지 않으면 이해하기 힘들 거라고 생각한다. 하지만 나는 죽음 아주 가까이 다가갔었고, 죽음은 나를 원하는 것 같지 않았다.

나는 드디어 텔레비전 뉴스를 보게 되었고, 파즐울라의 대변인이 나를 "쏠 수밖에 없었던" 이유를 말했다는 것을 알았다. 내가 탈레반을 비판하는 연설을 하고 다녔기 때문이다.

경고를 했지만 내가 멈추지 않았다고, 그들은 언론에 말했다.

내가 저지른 또 다른 범죄는? 교육받을 권리와 평화롭게 살 권리를 주장한 일이다. 그들 방식으로 말하자면, 내가 이슬람 정신에 어긋나는 서구 교육을 찬양했다는 것이다.

 탈레반은 나를 죽이려는 시도를 멈추지 않을 것이라고 파즐 울라가 말했다.

 "이번 일이 교훈이 될 것이다."

 교훈이긴 했다. 어머니가 인용한 코란 말씀이 정말 옳았다.

 "거짓은 사라져야 하고 진실이 앞으로 나서야 한다."

 몇 년 전 BBC 웹사이트에 글 올리는 일을 의논했을 때 내게 해 준 말이다.

 진실과 거짓이 맞서면 언제나 진실이 승리하기 마련이다. 이것이야말로 우리가 걸어온 길을 밝혀 준 이슬람교의 믿음이었다.

 탈레반은 나를 침묵시키기 위해 총을 쏘았지만, 오히려 전 세계가 내 이야기에 귀를 기울이게 되었다.

내가 바로 뉴스

카드가 가득 담긴 가방을 받았다. 그날은 이슬람교의 신성한 명절인 큰 이드였다. 그래서 나는 생각했다.
'참 친절도 하지, 이드라고 친구들이 내게 카드를 보냈구나.'
하지만 내가 여기 있는 걸 어떻게 알았을까? 나는 의아했다.
카드에 찍힌 소인 날짜를 보았다. 10월 16일, 10월 17일. 내가 총에 맞은 직후의 날짜들이었다. 카드들은 큰 이드와는 아무 상관이 없었다. 전 세계에서 나의 쾌유를 비는 마음을 담아 보낸 카드들이었다. 어린이들이 보낸 카드도 많았다.
나는 그렇게 카드가 많이 온 것이 놀라웠다. 내 앞으로 온 카드와 편지가 8000통이 넘는다고 했다. 주소 대신 그저 '버밍엄

병원의 말랄라에게', 혹은 '버밍엄의 머리에 총을 맞은 소녀에게'라고 쓴 것도 있었다.

소포도 있었다. 초콜릿이나 온갖 크기의 곰 인형들도 많았다. 그중에서 가장 귀한 선물은 베나지르 부토 총리의 자녀들이 보내온 것이었다. 상자 안에는 평소 베나지르 부토 총리가 쓰던 스카프 두 장이 들어 있었다. 베나지르 부토 총리는 파키스탄에서 최초로 총리가 된 여성이었고, 내가 본받고 싶은 존경하는 인물이기도 했다.

그리고 나는 유명한 배우와 가수들이 나에 대해 트윗하고, 페이스북에서 나의 회복을 기원했다는 것을 알게 되었다. 아주 신

나는 일이었고 엄청난 일이었지만, 아직 뇌가 제대로 기능을 하지 않아서인지 혼란스러운 일이기도 했다.

이렇게 유명한 사람들이 나를 어떻게 알았지?

내가 창문 없는 방에서 지내며 밖에서 무슨 일이 일어나고 있는지 알지 못했던 그 나날 동안, 바깥세상에서는 오히려 내게 무슨 일이 일어났는지 아주 정확하게 알고 있었던 것이다. 전 세계에서 200명이 넘는 기자들이 나를 보기 위해 병원에 왔었다고 한다. 하지만 병원에서는 내가 조용히 치료를 받을 수 있도록 면회를 허락하지 않았다. BBC를 보려고 애쓰다 포기한 단 하루를 제외하면 나는 이곳에 도착한 이후 전혀 뉴스를 보지 못했었는데, 이제는 알았다. 내가 바로 뉴스였다.

얼마나 대단한 일인지. 병실에 혼자 누워 외로움을 느끼고 있는 동안, 가족 걱정을 하고 병원비 걱정을 하는 동안, 온 세계에서 사람들이 나를 걱정하고 있었다니! 나는 더 이상 외롭지 않았다.

어서 집으로 돌아가 모니바에게 이 모든 이야기를 들려주고 싶었다!

12월이 되었고, 나는 두 달 가까운 병원 생활 후 처음으로 외출을 허락받았다. 식물원에 다녀오기로 했다. 어머니와 간호사

두 사람과 동행했고, 아버지는 텔레비전에 워낙 자주 나와 사람들이 얼굴을 알아보았기 때문에 혹시나 관심을 끌까 봐 함께 가지 않았다.

식물원 가는 길에 나는 차 뒷좌석에서 고개를 이리저리 돌리며 생소하고 새로운 이 나라의 모든 것을 살펴보았다. 거센 바람과 차갑고 메마른 공기가 낯설었다. 하지만 그곳의 식물들은 아름다웠다! 낯익은 것도 있었다.

"이건 우리 고향에도 있어요. 이것도요!"

내가 간호사에게 말했다.

어머니도 몹시 즐거워하며 아버지에게 전화를 걸었다.

"오랜만에 행복한 기분이에요."

그즈음에 우리 가족은 병원 근처 고층 아파트에서 지내며 매일 나를 만나러 병원에 왔다. 이제 생활이 정상으로 돌아가고 있는 것이 분명했다. 동생들이 다시 아주 성가시게 굴었다! 처음에는 나를 도자기 인형처럼 조심스럽게 대하던 동생들이 곧 예전처럼 나를 약 올리곤 했다.

"왜 말랄라 누나를 두고 이렇게 야단법석이야? 딱 보면 알잖아. 살아났네."

아탈이 말했다.

나는 부모님에게 사정하곤 했다.

"쟤들 좀 집에 두고 오세요! 계속 시끄럽게 굴기만 하고 내가 받은 선물들도 다 뺏으려 하잖아요."

나는 마침내 다시 읽을 수 있게 되었고, 말과 기억도 되돌아오기 시작했다. 아직도 여러 친구들 이름이 기억나지 않았지만 꾸준히 나아지고 있었고 기분도 매일 더 좋아지고 있었다.

그 달에 나는 처음으로 가족이 아닌 방문객을 맞았다. 파키스탄의 대통령 아시프 알리 자르다리였다.

병원은 몰려들 언론 때문에 염려를 많이 했지만 중요한 손님이었다. 자르다리 대통령은 나의 모든 치료 비용을 파키스탄 정부에서 부담하겠다고 약속했다.

나는 커다란 보라색 패딩으로 몸을 감싸고 직원 전용 출구로 몰래 빠져나갔다. 차를 타고서 구름처럼 몰려 있던 기자들 바로 옆을 지나갔지만 그들은 눈치채지 못했다. 스파이 소설의 한 장면 같았다.

우리는 어떤 사무실 같은 곳으로 안내되었다. 손님들을 기다리며 나는 아탈, 쿠샬과 함께 엘프 볼링이라는 컴퓨터 게임을 했다. 처음 하는 게임이었지만 내가 이겼다! 예전의 말랄라가 돌아왔다는 또 하나의 증거였다.

대통령이 들어와 내 머리에 손을 올렸다. 우리나라에서 그 행동은 경의의 표현이었다. 대통령은 아버지가 버밍엄에서 일할 수 있도록 자리를 마련했다고 말했다. 모든 것이 다 괜찮을 것이니 나는 아무 걱정 하지 말고 건강을 회복하는 일에 집중하라고 했다.

그러고 나서 대통령은 내가 '놀라운 소녀이며 파키스탄의 자랑거리'라고 말했다.

아주 근사한 하루였다. 우리나라를 이끄는 지도자가 내게 경의를 표현해 주었고, 병원비 등 그동안 했던 모든 걱정도 사라졌다.

아, 그러나 슬픈 날이기도 했다. 우리가 오랫동안 고향으로 돌아가지 못하리라는 것을 깨달았기 때문이다.

기적

 마침내 나는 퇴원했고 행복하게 2013년을 시작했다. 가족들과 함께 지내는 일이 참 좋았다. 비록 우리 집이 아니라 엘리베이터가 있는 높은 아파트였지만. 우리의 그 소박한 옛집으로 돌아갈 수만 있다면 나는 무엇이라도 다 줄 수 있을 것 같았다. 그러나 정말 중요한 것은 우리 가족이 마침내 다시 한자리에 모였다는 것이다.

 나는 상쾌한 공기 속을 걸으며 기운을 되찾으려 노력했다. 그런데 아직 제대로 들을 수 없었기 때문에 무슨 일이 있는지 알려면 끊임없이 이리저리 둘러보아야 했다. 식품점에 다녀오는 아주 단순한 일조차 내겐 힘에 겨웠다. 힘에 겨웠지만 동시에 환상

적인 일이기도 했다.

버밍엄의 카페에서는 남자와 여자들이 함께 섞여 앉아 이야기를 나누고 있었다. 스와트에서라면 상상도 못 할 일이다. 이곳 여자들은 아주 짧은 반바지를 입고 맨다리를 드러내 놓고 다녔으며 하이힐을 신고 걸었다. 심지어 한겨울에도 그랬다.

"저 여자들 다리는 강철로 만들어져서 추위를 못 느끼나?"

어머니가 말했다.

나는 고향이 지독하게 그리웠다. 학교 친구들이 그리웠다. 산과 폭포, 아름다운 스와트 강과 푸르른 초록의 평야가 그리웠다. 그랬기 때문에 파키스탄에 나를 비판하는 사람들이 있다는 이야기를 들었을 때 몹시 힘들었다. 사람들은 우리 가족의 진정성을 의심했다. 심지어 우리가 해외에서 호화롭게 살고 싶어 아버지가 술수를 써서 내가 총에 맞도록 꾸몄다는 사람들도 있었다.

고향의 학교 소식도 들었다. 스카이프로 모니바와 이야기를 나눌 수 있었다. 모니바는 내가 몹시 보고 싶다고, 다른 어떤 아이도 나를 대신할 수 없다고 말했다. 또 샤지아와 카이나트가 회복되어 다시 학교에 다닌다는 이야기도 들려주었다. 그리고 교실에 아직 내 자리가 그대로 있다는 이야기도.

"아, 참."

모니바가 말했다.

"너 파키스탄 역사 시험에서 100점 맞았어."

총을 맞던 날 아침에 봤던 학기 말 시험이다.

나는 여러 번 수술을 받았고, 그중에는 청력을 향상시키는 수술도 있었다. 귀 뒤편 깊이 작은 전자 청력 보조 장치를 심었다. 몇 주 후, 수신기를 꽂자 아주 작은 삐, 소리를 들을 수 있었다. 그리고 또 한 번 삐, 소리가 들렸다. 그러고 나서 의사의 목소리가 들렸다. 처음엔 사람들의 목소리가 모두 로봇 소리처럼 들렸지만 청력은 곧 점점 좋아졌다.

신은 참으로 위대하다! 신은 내게 눈을 주어 세상의 아름다움을 볼 수 있게 했고, 두 손을 주어 그것을 만지게 했고, 코를 주어 그 모든 향기를 맡을 수 있게 했으며, 마음을 주어 그 모든 것에 감사하게 했다. 하지만 우리는 우리의 감각이 얼마나 기적과도 같은 것인지 그것을 잃은 후에야 깨닫게 된다.

청력이 정상으로 되돌아온 것은 정말 기적이었다.

탈레반은 학교 버스에 타고 있던 여학생 세 명에게 아주 가까운 거리에서 총탄 세 발을 발사했지만, 우리 중 누구도 죽이지 못했다.

한 사람이 나를 침묵시키려 했다. 그러자 수백만의 사람이 일어나 이야기를 했다.

그것 역시 기적이었다.

그냥 말랄라

이제 버밍엄 생활에 익숙해졌다. 우리는 가로수가 줄지어 선 거리의 단정하고 작은 벽돌집에서 살고 있다. 아름다운 집이다. 평온하고, 조용했다. 너무 조용했다. 골목에서 크리켓을 하며 노는 아이들은 없었다. 뒤편 베란다에 모여 앉아 수다를 떠는 동네 여자들도 없었다.

하지만 버밍엄의 번화한 상가 거리에 산책을 나가면 아주 다양한 사람들이 있어 나는 감탄하곤 했다. 축구 유니폼을 입은 주근깨투성이 소년들, 양복을 입은 남자들, 비즈니스 정장을 입은 여자들, 부르카를 입은 보수적인 이슬람교 여자들과 청바지에 머리에 스카프를 쓴 젊은 이슬람교 여자들 등 제각각이었다.

때로는 사람들이 다가와 나와 사진을 찍어도 괜찮겠냐고 묻곤 했다. 나는 괜찮았다. 그 사람들이야말로 내가 격려가 필요할 때 격려를 보내 준 사람들이고, 내가 계속 앞으로 나갈 용기가 필요할 때 용기를 준 사람들이란 것을 알기 때문이다. 하지만 그렇게 널리 알려졌는데도 동시에 그렇게 외로울 수 있다는 것이 이상했다.

여기서 내가 다니는 학교는 영국식 교복을 입는다. 녹색 스웨터와 칼라가 달린 줄무늬 셔츠, 그리고 무릎까지 오는 치마에 스타킹 차림이다. 나를 포함한 몇몇 이슬람교 여학생들은 치마를 발목까지 내려오게 입는다. 어떤 아이들은 학교에 도착하자마자 치마를 말아 올려 더 짧게 입기도 한다. 그런 모습을 보며 나는 생각한다.

'참 재미있는 나라다. 어떤 여자아이들은 자유롭게 자신들의 몸을 가리고, 어떤 아이들은 자유롭게 몸을 드러낸다.'

이 학교에는 프로젝터와 노트북 컴퓨터가 있고, 비디오와 와이파이가 있다. 음악, 미술, 컴퓨터 시간도 있고 심지어 요리 시간도 있다(나는 요리 시간이 싫다). 때로는 선생님과 칠판뿐이던 우리 쿠샬 학교로 돌아가고 싶다는 생각을 하곤 한다. 때로는 내 옛 친구들이 이런 근사한 테크놀로지와 특별한 과목의 수업들을 누리지 못하는 것이 슬프다는 생각도 든다. 그러나 옛 친구들은 지금 내게 없는 것을 누리고 있었다. 바로 우정을 나누는 친구들이었다.

나와 새 학교 친구들은 서로의 농담을 이해하지 못했다. 이곳의 아이들은 파키스탄 아이들에 비하면 아주 자유로웠지만 나는 그럴 수 없었다. 나는 너무 건방지게 굴어도 안 되었다. 나는 착한 아이이고 줄곧 착한 아이였지만, 말과 행동에 특별히 더 신경 써야 했다. 나를 바라보는 시선과 기대가 있기 때문이었다.

파키스탄에서 나는 그냥 말랄라였다. 여기서는, 적어도 처음에는, '탈레반한테 총을 맞은 소녀 말랄라'였다. 나는 다시 그냥 말랄라가, 평범한 소녀가 되고 싶었다.

그렇다. 물론 나는 이곳의 친구들이 상상조차 할 수 없는 일들을 보았고 경험했다. 그러나 시간이 지나면서 이 아이들에게도 내가 상상할 수 없는 경험이 있음을 깨달았다. 내가 알게 된 사실은 우리에겐 다른 점보다는 공통점이 더 많다는 것이고, 매일 서로에게서 새로운 것을 배운다는 것이다. 그리고 매일 나는 조금씩 예전의 평범한 말랄라, 교실의 그냥 한 소녀가 되어 가고 있음을 느낀다.

아직 파키스탄의 집으로 돌아갈 수 없기 때문에 우리는 고향의 친구와 친척들을 초대했다.

어머니는 식탁에 의자를 더 많이 놓으며 매우 행복해했다. 어머니는 점점 더 새로운 것들을 시도해 보려 노력했다. 다시 영어를 배우기 시작했고, 사람들이 어머니의 사진을 찍는 것도 허락했다.

아버지는 이제 더 이상 교장이 아니지만, 대신 여성 교육에 관한 모임에 참석해 연설하고 있다. 예전과는 달리 사람들이 나 때문에 아버지 이야기를 듣고 싶어 한다는 것이 아버지에겐 좀 낯선 일이었다.

아버지는 말한다.

"말랄라는 예전에 제 딸로 불리었습니다. 그런데 이젠 제가 말랄라의 아버지로 불리고 있고, 저는 그것이 자랑스럽습니다."

한편 아버지는 집에서 새로운 일을 맡아 하기 시작했다. 아버지가 여성 인권에 대해 연설을 하러 다니는 동안 정작 집에서는 어머니 혼자 요리와 청소를 다 하고 있다고 내가 아버지를 놀렸기 때문이다. 이제 아버지도 아침마다 식사를 준비한다. 늘 같은 메뉴다. 달걀 프라이. 아버지의 요리는 그다지 맛이 있지는 않지만 사랑으로 가득하다.

총격이 있은 지 1년이 되어 가자 많은 기자들이 나를 인터뷰하기 위해 찾아왔다. 기자들은 내가 겪은 일을 매우 유감스럽게 생각했지만 정작 나는 그렇게 생각하지 않았다. 내가 '말랄라, 넌 다시는 고향에 돌아갈 수 없어. 넌 탈레반에게 공격을 받을 테니까.' 이렇게 생각하는 한 나는 계속 고통 속에 살아야 할 것이다.

그래서 나는 이런 식으로 생각한다. 나는 볼 수 있다! 나는 들을 수 있다! 나는 말할 수 있다! 나는 신이 내게 바라는 삶을 살아가고 있다.

기자들은 내게 두렵지 않느냐고 물었다. 나는 두렵지 않다고 대답했다. 그리고 그건 사실이다.

기자들이 내 교육운동보다는 내가 입었던 총격에 더 초점을 맞출 때면 실망하기도 했다. 이해는 할 수 있다. 그러나 폭력과

비극을 이겨 내는 과정에서 기회가 찾아왔고, 나는 그 기회를 놓치지 않았다. 그동안 '말랄라 펀드'가 해 왔고 앞으로도 계속 해 나갈 좋은 일들을 생각하면 더욱 그렇다. 말랄라 펀드는 스와트에서 교육을 받지 못한 채 어쩔 수 없이 노동을 하며 힘든 생활을 하는 소녀들을 돕기 시작했다. 우리는 또한 전 세계의 난민 어린이들도 돕고 있다. 이 아이들에게 음식과 지낼 곳을 마련해 주고 교육을 받을 수 있도록 해 주는 것이 우리의 임무이다. 앞으로도 계속 그렇게 할 것이다.

나는 이 세상을 하나의 가족으로 생각한다. 가족 중 한 사람이 힘들게 살고 있다면 우리 모두 힘을 모아 도와야 한다. 사람들이 나를 지원하겠노라 했을 때 그들은 실은 여성 교육을 지원하겠다고 말한 것이나 다름없다.

그래서 탈레반이 나를 쏘았던 것이다. 하지만 그들이 쏠 수 있었던 것은 한낱 육체에 불과하다. 그들은 내 믿음은 죽일 수 없다. 그들은 모든 소년 소녀가 학교에 다니는 것을 목표로 하는 내 교육운동은 멈출 수 없다. 내가 여기 이렇게 살아 있는 것은 다 이유가 있는 것이라 믿는다. 사람들을 돕는 일에 나의 인생을 바칠 것이다.

말랄라 펀드란?

내가 점차 건강을 회복하면서 아버지와 나는, 자유롭고 안전한 환경에서 양질의 교육을 받고 싶지만 그럴 수 없는 소녀들을, 그러니까 나 같은 아이들을 도울 수 있는 방법을 찾아야 한다고 생각했다. 그것이 **말랄라 펀드**의 시작이다.

우리를 돕고 싶어 하는 사람들이 늘어나면서 많은 기부금이 모였고, 그 기부금을 우리의 뜻을 실현하는 데 사용하기로 했다. 우리의 첫 선물은 나의 고향인 스와트의 소녀 40명에게 전달되었다. 말랄라 펀드를 통해 교복과 신발, 교재 등의 구입 비용을 지원할 수 있었다. 우리는 언젠가는 4000만 소녀들 모두에게 선물을 하자는 목표를 세웠다.

이제 우리는 그 길 위에 서 있다. 우리가 옳다고 믿는 것을 알리기 위해 아버지와 나, 두 사람이 시작한 일이 이제는 수많은 소녀들을 위한 세계적인 노력이 되었다. 레바논의 시리아 난민 소녀들을 위한 학교를 포함해 많은 학교를 열었고, 수많은 총리와 대통령을 만났으며, 가장 중요하게는 수많은 소녀들과 연결되었다. 그래서 우리는 이제 그 소녀들의 이야기를 세상 사람들과 함께 나눌 수 있게 되었다.

한 자루의 펜이

　내 열여섯 번째 생일에 나는 더할 나위 없이 훌륭한 선물을 받았다. 뉴욕에 있는 유엔에서 연설을 해 달라는 초대를 받은 것이다. 2013년 7월 12일, 내 생일이기도 한 그날을 유엔에서는 '말랄라의 날'로 이름 지었다. 400명이 참석할 예정이었고, 그중에는 세계 각국의 지도자들도 있었지만 나와 같은 평범한 아이들도 포함되어 있었다.

　불과 1년 전 파키스탄에서 두려움에 떨며 우울하게 보냈던 생일과는 천지 차이였다. 우리 가족 모두 뉴욕으로 갔다. 브로드웨이에서 뮤지컬 〈애니〉를 보았고, 호텔에서 지냈는데 그곳에선 은쟁반에 피자를 담아 방으로 가져다주었다. 나는 조용해서 졸리 다시피 한 버밍엄과 달리 북적대는 뉴욕이 좋았다. 그리고 〈어글리 베티〉 덕분인지 이 도시가 나의 오랜 친구처럼 느껴졌다. 나는 어서 모니바에게 이곳 얘기를 하고 싶었다. 뉴욕은 아주 좋은 곳이지만 내가 지금껏 본 어떤 도시보다 더 시끄럽고 사람이 많은 곳이라고. 차들은 쉴 새 없이 빵빵거리고 사람들은 여기저기 바쁘게 걸어 다니고 있다고.

그리고 마침내 7월 12일이 되었다. 내가 유엔에서 연설을 하다니! 믿을 수가 없었다. 그날 아침 천천히 옷을 입었다. 내가 가장 좋아하는 분홍색 샬와르 카미즈를 입고 베나지르 부토 총리의 스카프를 머리에 썼다. 나는 연단에 섰고, 유엔에 있는 사람들뿐만 아니라 이 세상 모든 사람들, 내 말에서 용기를 얻을 수 있을 모든 사람들을 향해 이렇게 말했다.

친애하는 형제자매 여러분,
한 가지 기억해 주십시오. 말랄라의 날은 저를 위한 날이 아닙니다. 오늘은 자신의 권리를 위해 목소리를 높인 모든 여성, 모든 소년, 모든 소녀의 날입니다.

지금껏 수천 명이 테러리스트에 의해 목숨을 잃었고, 수백만 명이 부상을 입었습니다. 저는 그중 한 사람일 뿐입니다.

저는 그 수많은 사람들 중 한 소녀로서 여기 이 자리에 섰습니다.

저는 저 자신이 아닌 모든 어린이들을 위해 이야기하고 있습니다.

제가 목소리를 높이는 것은 제 이야기를 외치기 위해서가 아니라 목소리를 내지 못하는 이들을 대신하기 위해서입니다.

2012년 10월 9일, 탈레반이 제 왼쪽 이마에 총을 쏘았습니다. 제 친구들에게도 총을 쏘았습니다. 그들은 총탄이 우리를 침묵하게 할 거라 생각했습니다. 하지만 그들은 실패하였습니다. 수천 수만의 목소리가 침묵을 뚫고 터져 나왔습니다. 테러리스트들은 우리의 목표를 바꾸고 우리의 꿈을 멈추려 했지만 제 삶에서 바뀐 것은 아무것도 없습니다. 변화가 있다면 오히려 허약함과 두려움과 절망이 사라졌다는 것입니다. 강인함과 용기와 희망이 생겼다는 것입니다.

저는 여전히 예전 그대로의 말랄라입니다. 저의 포부도 그대로입니다. 저의 희망도 그대로입니다. 저의 꿈도 그대로입니다.

한 사람의 어린이, 한 사람의 선생님, 한 권의 책과 한 자루의 펜이 세상을 바꿀 수 있습니다.

박수 소리를 들으며 나는 자리에 앉았고, 그때 떠오른 생각은, 쿠샬 학교의 빈 의자들을 향해 선생님 흉내를 내던 꼬마 말랄라에서 참으로 길고 긴 길을 걸어 여기까지 왔구나, 하는 것이었다. 화장실 거울을 보며 연설하던 아이가, 신의 은총으로 이제 수백

만의 사람들 앞에서 진짜 연설을 하게 된 것이다.

　나는 언젠가 키가 더 크게 해 달라고 신께 빌었던 적이 있었다. 나는 신이 내 기도에 응답했다는 것을 깨달았다. 신은 나를 하늘만큼 큰 사람으로 만들어 주었다. 세상 곳곳의 많은 사람들에게 닿을 수 있는 목소리도 주었다. 그리고 이 높다란 키만큼이나 큰 책임과 재능도 함께 주었다. 세상을 더욱 평화로운 곳으로 만들 책임과 그것을 이룰 수 있는 재능을 받았으니, 나는 매일 매 순간 그 책임을 잊지 않고 살아갈 것이다.

　모든 가정에, 모든 거리에, 모든 마을에, 모든 나라에 평화가 있기를. 세상 모든 소년 소녀가 교육을 받을 수 있기를. 이것이 나의 꿈이다.

　내 이름은 말랄라다. 나의 세상은 변했지만 나는 변하지 않았다.

에필로그

새로운 도약

    2014년 10월, 내가 탈레반의 공격을 받은 날로부터 거의 2년이 되었을 때 나는 큰 상을 받았다. 최연소 노벨평화상 수상자가 된 것이다.
    학교에서 화학 수업을 듣고 있다가 처음 그 소식을 들었다. 교감 선생님이 교실로 와서 나를 밖으로 부르기에, 내가 뭘 잘못했나? 하고 생각했다.
    내가 아동인권운동가인 카일라시 사티아르티와 함께 노벨평화상을 받게 되었다는 선생님의 말을 들었을 때 나는 너무나 놀랐지만, 아주 침착하게 대답했다. 소식을 전해 주어 감사하다고, 큰 영광이라고 말했다. 선생님의 눈에 어린 눈물을 보고서야, 축하하는 사람들에게 둘러싸여서야 나는 비로소 그 소식의 의미를 실감할 수 있었다.

　모두 기뻐해 주었고, 나도 기뻤다. 내가 오랫동안 목표로 삼고 이루고자 한 일이 그렇게 훌륭한 상을 통해 인정받았기 때문이다.

　시상식은 아름답고 감격적이었다. 나의 용감한 파키스탄 친구들 샤지아와 카이나트도 참석했고, 말랄라 펀드 재단과 여행하며 만났던 소녀들도 자리를 함께했다. 그들 역시 그들의 권리를 위해 싸워 왔다. 우리가 모두 함께 노벨 시상식을 경험한 것은 내

게 아주 큰 의미가 있었다.

  나는 말랄라 펀드 재단을 통해 교육운동가라는 내 역할을 지치지 않고 해 오고 있다. 우리가 하는 일의 범위를 점점 넓혀 가고 있지만 여전히 할 일이 많다는 것을 안다. 나는 이렇게 일할 수 있는 토대를 마련해 주신 신께 감사한다. 이것은 내가 평생토록 해 나갈 일이며, 사명이며, 나의 꿈이다.

  지금 나는 영국의 옥스퍼드에서 대학에 다닌다. 하지만 나는 여전히 스와트에서 학교를 다니던 예전의 말랄라이다. 나의 생활은 바뀌었지만 나는 바뀌지 않았다. 우리 어머니에게 물어보면 어머니는 이렇게 말할 것이다.

  "글쎄요, 말랄라가 좀 더 현명해졌는지는 모르겠지만 집에서는 여전히 엉망이랍니다. 셔츠는 여기에, 바지는 저기에 벗어 놓고 늘 우는 소리를 하죠. '숙제 다 못 했어!' 작은 것들이긴 하지만 바뀌지 않는 것들도 있답니다."

  파키스탄에 있는 내 친구들은 우리 가족이 영국에서 사는 것이 행운이라고 생각할지도 모르겠다. 하지만 고국을 떠나 망명했다는 것은, 아버지와 조상들이 태어난 곳, 오랜 역사가 있는 곳을 떠나왔다는 것은 매우 슬픈 일이다. 더 이상 그 흙을 만질 수도, 강물의 고운 소리도 들을 수 없다. 멋진 호텔과 으리으리한 회의

장도 고향이 주는 평온함을 대신할 수는 없다.

  많은 사람들의 사랑과 격려에서 나는 싸움을 계속할 수 있는 힘을 얻는다. 나는 가능한 한 많은 학교를 세우고 싶고, 훌륭한 선생님들이 그곳에서 가르치도록 하고 싶다. 줄곧 변함없이 이어진 나의 바람이다. 나는 여전히 고집이 센 아이이고, 그렇기에 결코 포기하지 않을 것이다.

노벨평화상이란?

과학자 알프레드 노벨의 이름을 딴 상이며, 첫 번째 노벨평화상 시상은 1901년에 있었다. 수상자는 노르웨이의 노벨위원회가 선정하며, 누구든, 어느 나라 사람이든, 평화 증진에 기여하여 인류를 위해 커다란 공헌을 한 사람을 수상자로 선정한다. 그동안 이 상을 받은 사람으로는 마틴 루터 킹, 버락 오바마, 국경없는 의사회 등이 있다.

카일라시 사티아르티와 나는 억압에 맞서 모든 어린이들이 교육받을 수 있는 권리를 위해 힘쓴 공로로 2014년 이 상을 받았다. 카일라시에 대해 알면 알수록 나는 이 상을 그와 함께 받게 된 것을 감사하게 생각하게 된다. 그는 노예 상태에 있거나 아동 노동에 시달리던 어린이들을 구하기 위해 끊임없이 일해 왔다. 친절하고 헌신적인 태도로 본보기가 되었고, 어른들은 어린이를 보호할 책임이 있음을 보여 주었다. 그는 사랑과 친절이 세상을 바꿀 수 있다는 것을 알려 주었다.
나는 노벨평화상을 통해 어린이의 권리를 널리 알릴 수 있게 되어 매우 기쁘다.

말랄라가 걸어온 길

1997년 7월 12일: 말랄라, 파키스탄 스와트의 밍고라에서 태어나다.

2008년 9월: 탈레반이 여학교를 닫으라고 위협하고, 말랄라는 교육의 중요성을 공개적으로 말하기 시작하다.

2009년 1월 3일: '굴 마카이'라는 이름으로 탈레반 치하의 삶을 알리는 글을 BBC 우르두어 웹사이트에 올리기 시작하다.

2009년 1월 15일: 탈레반이 여학교 폐쇄를 강행.

2009년 2월: 뉴욕 타임스가 말랄라와 말랄라의 아버지를 촬영한 다큐멘터리 영상 〈수업 끝〉을 제작.

2009년 5월: 상황이 악화되어 말랄라의 가족과 스와트 주민들이 고향을 떠나다.

2009~2010년: 말랄라, 다양한 매체를 통해 여학생의 교육받을 권리를 말하다.

2011년 10월: 남아프리카공화국 대주교인 데즈먼드 투투가 말랄라를 국제아동인권평화상 후보로 선정하다.

2011년 12월: 제1회 파키스탄 청소년 평화상을 수상하다.

2012년 10월 9일: 말랄라, 학교에서 집으로 돌아오던 길에 탈레반의 총격을 당하다.

2012년 10월 15일: 치료를 위해 영국 버밍엄으로 옮겨짐.

2013년 3월: 버밍엄에서 학교를 다니기 시작.

2013년 7월 12일: 열여섯 번째 생일에 유엔에서 연설을 하고, 그날은 말랄라의 날로 이름 지어진다.

2013년 10월: 말랄라와 말랄라의 아버지, 말랄라 펀드 재단을 세우다.

2014년 7월: 나이지리아에서 대규모 여학생 납치 사건에 항의하는 연설을 하다.

2014년 12월: 말랄라, 노벨평화상 수상. 역사상 최연소 노벨평화상 수상자가 되다.

2015년 7월 12일: 레바논 베카에 시리아 난민 소녀들을 위한 학교를 열다.

2015년 10월: 말랄라의 이야기를 담은 다큐멘터리 영화〈그는 내 이름을 말랄라로 지었다〉가 세계 곳곳에서 상영되다.

2016년 9월: 여성 교육을 지지하는 #예스올걸스 캠페인을 시작하다.

2017년 4월~9월: 세계 곳곳으로 '걸 파워 트립' 여행을 하며 여성들과 세계 지도자들을 만나고 이야기를 나누다.

2017년 10월: 말랄라, 옥스퍼드 대학에 진학하다.

퍼트리샤 매코믹

『컷Cut』『솔드Sold』『네버 폴 다운Never Fall Down』 등 평단의 훌륭한 평가를 받은 청소년소설들을 쓴 작가로 미국의 권위 있는 문학상 '내셔널 북 어워드' 최종 후보에 두 번이나 오른 바 있다. 말랄라 유사프자이와 함께 『청소년을 위한 나는 말랄라』『어린이를 위한 나는 말랄라』를 썼다.

박찬원

연세대학교와 동 대학원에서 불문학을 공부하고 이화여자대학교 통번역대학원에서 한영번역을 전공했다. 옮긴 책으로 『우리는 난민입니다』『청소년을 위한 나는 말랄라』『나는 말랄라』『아르카디아』『지킬박사와 하이드』『벤자민 버튼의 시간은 거꾸로 간다』『거대한 지구를 돌려라』『방황하는 아티스트에게』『커버』『카르트 블랑슈』『작은 것들의 신』『반 고흐의 태양, 해바라기』『반 고흐의 귀』 등이 있다.

어린이를 위한
나는 말랄라

1판 1쇄 2019년 5월 31일 | 1판 7쇄 2024년 9월 6일

지은이 말랄라 유사프자이 · 퍼트리샤 매코믹
각색 세라 J. 로빈스 | 그린이 조니 스톤 | 옮긴이 박찬원
책임편집 곽수빈 | 편집 엄희정 원선화 이복희 | 디자인 이지인
마케팅 정민호 서지화 한민아 이민경 안남영 왕지경 정경주 김수인 김혜원 김하연 김예진
브랜딩 함유지 함근아 박민재 김희숙 이송이 박다솔 조다현 정승민 배진성
저작권 박지영 형소진 최은진 오서영
제작 강신은 김동욱 이순호 | 제작처 더블비(인쇄) 중앙제책사(제본)

펴낸곳 (주)문학동네 | 펴낸이 김소영 | 주소 10881 경기도 파주시 회동길 210
출판등록 1993년 10월 22일 제2003-000045호
전자우편 kids@munhak.com | 홈페이지 www.munhak.com
카페 cafe.naver.com/mhdn | 북클럽 bookclubmunhak.com
트위터 @kidsmunhak | 인스타그램 @kidsmunhak
대표전화 (031)955-8888 | 팩스 (031)955-8855
문의전화 (031)955-3576(마케팅) (02)3144-3242(편집)
ISBN 978-89-546-5641-2 73840

잘못된 책은 구입하신 서점에서 교환해 드립니다. 기타 교환 문의: 031) 955-2661, 3580

어린이제품 안전특별법에 의한 기타표시사항 제품명 도서 | 제조자명 (주)문학동네 | 제조국명 한국 | 사용연령 11세 이상